LA
MACHINE
INFERNALE

JEAN COCTEAU

LA
MACHINE
INFERNALE

Edited with an
Introduction and Notes
by
W. M. LANDERS Ph.D.
SENIOR LECTURER IN FRENCH
KING'S COLLEGE, LONDON

MODERN WORLD LITERATURE SERIES

HARRAP   LONDON

First published in abridged form in Great Britain 1957
by GEORGE G. HARRAP & CO. LTD
182–184 High Holborn, London WClV 7AX

Reprinted: 1960; 1964; 1965; 1967; 1969
Unabridged edition published 1971
Reprinted 1974

ISBN   0   245   52394   4

Printed and bound in Great Britain by
REDWOOD BURN LIMITED
Trowbridge & Esher

Il ne s'agit pas dans ma pièce de ces machines infernales que les anarchistes construisent pour tuer les rois. Il s'agit d'une machine plus mystérieuse que les dieux grecs destinaient au même usage. Tout s'arrange comme par hasard de telle sorte que le jeune Prince Œdipe tombe dans le piège terrible qu'ils lui tendent. Le Sphinx lui-même, sous sa forme terrestre de jeune fille, croit trahir ceux qui lui dictent son rôle et c'était encore à seule fin de laisser vivre leur victime et de lui permettre d'épouser sa propre mère: Jocaste.

Jamais, au théâtre, on n'avait osé une intrigue aussi monstrueuse—mais Sophocle savait qu'il est indispensable d'enseigner aux hommes à craindre l'orgueil qui les aveugle et les sommets d'où l'on s'écroule de haut.

Dans ma pièce le dernier acte est une sorte de contre-action du drame grec. J'y ajoute la scène du fantôme de l'épouse redevenant mère. Les autres actes sont de mon chef et montrent les rouages de ce piège machiné par l'Olympe. Je disais ailleurs: «Les dieux, c'est le diable.» Certes les dieux habitaient en Grèce l'immeuble des hommes et les hommes et les dieux se croisaient dans les escaliers, entre terre et ciel. Mais à force d'être humains les dieux adoptaient nos vertus et nos vices et parfois, hélas, notre cruauté.

La jeunesse anglaise doit non seulement connaître une des aventures les plus illustres de la mythologie mais encore mettre à l'étude le complexe de Freud et en méditer la haute leçon. En outre il me semble que l'Histoire est du vrai qui devient faux à la longue (et de bouche en bouche) alors que la Légende est du faux qui, à la longue, devient véritable. C'est ainsi que je considère Alexandre Dumas comme un très grand historien. En inventant il retrouve.

Pour ma part je crois ferme à tous ces admirables mensonges. Antigone est ma sainte—et dans plusieurs de mes œuvres (Œdipe-Roi, d'après Sophocle—Œdipus Rex avec Igor Stravinsky—La Machine Infernale) j'ai tâché de surprendre les mécanismes de cette effrayante machine «construite par les dieux sans cœur pour l'anéantissement mathématique d'un mortel.»

JEAN COCTEAU
1956

CONTENTS

ACKNOWLEDGMENT

We wish to thank Messrs Faber and Faber, Ltd, for permission to reprint the two passages from T. S. Eliot's *Burnt Norton* (*Four Quartets*) which occur in the following Introduction.

INTRODUCTION

There is a curious family likeness between Jean Cocteau and that unconventional Sphinx who enlivens the second act of *La Machine Infernale*. "Je suis sans doute le poète le plus inconnu et le plus célèbre," he wrote in 1953, and like the Sphinx he seemed at times to tire of his own inscrutability.[1] Cocteau's life and work are full of riddles, but unlike the Sphinx he has not given us many obvious clues.

Born at Maisons-Laffitte, near Paris, in 1889, of prosperous middle-class parents—his father was a lawyer—he died on 11th October 1963 at his home at Milly-la-Forêt.[2] leaving behind him a dazzling legend of artistic versatility, erratic brilliance, and whimsical charm, plus a record of tireless creative activity that completely belied his apparently fragile physique.

For nearly half a century he had been in the forefront of French artistic developments, delighting and infuriating his contemporaries with experiments in almost every kind of creative work: verse, ballet, fiction, graphic art—even the art of ornamental glass. He had taken part in some of his own plays, designed costumes for them, written and in some cases directed a number of films, and produced criticism of note on literature, music and painting. His life was a series of experiments in the field of the wild and the unexpected.

[1] *Journal d'un Inconnu* (Grasset, 1953), p. 20.
[2] A funeral service was held at the chapel of Saint-Blaise-les-Simples, at Milly-la-Forêt, where the walls had been decorated by Jean Cocteau himself. Other examples of his decorative work are to be found at the Villa Santo-Sospin at Saint-Jean-Cap-Ferrat, the Chapelle Saint-René at Villefranche-sur-Mer, and the Church of Notre-Dame-de-France in London.

There was the 1914 adventure: Cocteau, rejected by a medical board, serving behind the front with an amateur ambulance unit, "adopted" by a unit of French marines and just about to be recommended for the Croix de Guerre before being found out and sent home. Cocteau in the Paris of the 'twenties and 'thirties, a hard-working playboy of the Jazz Age, working in first-class company with artists whose names are now household words: Picasso and Stravinski, Proust and Gide, Chirico, Poulenc, Milhaud, Honegger, Auric and Érik Satie. Cocteau going round the world in eighty days (by land and sea) to win a bet, Cocteau rescuing a dispirited Negro boxer from the night-life of Paris and nursing him into the championship of the world. Cocteau in a nursing home, a confirmed opium-smoker, going through the painful process of "disintoxication." And finally Cocteau, having systematically *épaté le bourgeois* for forty years, installed with due decorum as a member of both French and Belgian Academies, made a Commander of the French Legion of Honour, and awarded an honorary doctorate by the University of Oxford. . . . One feels that somewhere there must be a pattern in such a story, but it is certainly hard to find.

From time to time, in a number of sharply personal essays, Cocteau would let fall some remark that suggested the makings of an answer. It is true that most of the time he was telling us not what he was but what he was not, not what poetry, art or drama set out to do, but what they ought never to dream of doing, and the difficulty is not made any the less by his thoroughly un-French dislike of abstractions and by his preference for the language of metaphor as the "only language possible."[1] It is clear, however, that his work in the theatre stems from a broad revolutionary movement that has frequently led modern art and modern

[1] *Le Rappel à l'ordre (Le Secret professionnel)* (Stock, 1926), p. 226.

literature to "drop the object" (as the late C. E. M. Joad once put it), to address themselves no longer to purposes outside themselves, whether religious or humanistic, the glory of God or the understanding of human nature, and to become in the process ends in themselves, independent and to some extent gratuitous activities. Thus the theory of "pure poetry" with which are connected the names of Verlaine, Mallarmé and Valéry; thus, too, in the field of art, Cézanne's celebrated principle: "la peinture n'a pour but qu'elle-même."[1]   A typical product of such a trend, Cocteau has found it essential to "purify" the theatre of an age which he has described as "pourri de littérature."[2]

The sense of this remark emerges when we remember that at the turn of the century the French theatre was still in the grip of naturalism, dealing with the themes and problems of "real life" against a familiar background of realistic walls and furniture, the first concern of playwright and producer being to make as great an impression of everyday reality as possible. The great Antoine is still remembered for his use on the stage of real "properties"—real fountains, real sides of meat and real clocks that told the real time. The object of such a theatre was in some respects the object of the naturalist novel: a complete illusion of the kind of common-sense reality which for the ordinary *boulevard* playgoer was the only reality that mattered. Cocteau was to aim at a very different kind of truth. But it was not only against naturalism that he set his face; the end of the century had seen the revival of the poetic play, strongly idealist in character and based on the assumption

[1] René Huyghe, *Les Contemporains* (Éditions Pierre Tisné, 1949), p. 14. *Cf.* Baudelaire: "La Poésie . . . n'a pas d'autre but qu'Elle-même, elle ne peut pas en avoir d'autre . . . " (*L'Art romantique*, Chapter 8: "Theophile Gautier", Garnier, 1930, p. 130).

[2] *Le Rappel à l'ordre* (*Le Secret professionnel*), p. 193.

of a spiritual reality hidden behind the appearances of the workaday world.   Cocteau was to turn against this movement, too, against the poetic drama—or at least against the dramatic technique of its exponents: Rostand, Maeterlinck and the newly arrived Claudel.   When he claims to have substituted a "poetry *of* the theatre" for "poetry *in* the theatre," he seems to be dismissing a kind of poetic play in which the action is a mere pretext for an exercise in style and the poetry a kind of phosphorescence on the surface of the text.

Cocteau first attracted attention on the eve of the First World War when some of his early poems were read at a fashionable gathering—naïve, simple poems which he has since disowned.   His real career dates, he says, from the moment when he "fell asleep" and wrote the strange, largely incomprehensible "novel" entitled *Le Potomak* (published in 1919).   "Je tombai dans un sommeil de somnambule," he writes in *Le Rappel à l'ordre*, and this form of self-induced trance was to become his "normal state," just as his subsequent work was to be strongly marked by the habit of surrender to promptings welling up from the unconscious mind.   He had learned the trick of the so-called "automatic writing" which was to bring him close to the later Surrealist group without ever actually making him a member of the school.   This trend is accompanied in Cocteau by a corresponding disdain for the conscious intellect.   To think consciously, deliberately, systematically, is to "wake up," and according to Cocteau, "dès qu'un poète se réveille, il est idiot."[1]   It seems likely that Cocteau's admiration for the Surrealist poet, Guillaume Apollinaire, encouraged him to persevere in that "search for himself" which has always taken the form of a downward plunge into the world of the Un-

---

[1] *Opium. Journal d'une désintoxication* (Stock, 1930), p. 152.

conscious.[1] It was, however, the sensational revelation of
Russian Ballet in the years preceding the First World War
that reorientated his imagination and made him a "man of
the theatre." The Russian company was then the rage of
Paris, and from the moment when he met the director, the
great Diaghilev, Cocteau became "a member of the
troupe." Soon he was writing his first ballet-scenario,
Le Dieu Bleu, a conventional piece with Oriental trimmings
and no more original than his earliest verse.[2] Inspiration
came, however, on the night when the disappointed poet
was crossing the Place de la Concorde with Diaghilev and
Nijinsky, and the former uttered his famous words of
advice: "Étonne-moi!"[3] The idea of writing to surprise
("si ravissante chez Apollinaire") had never occurred to
Cocteau, and the suggestion was to launch him on his
eventful career. "Il faut jeter une bombe," he writes in
Orphée, and he was to achieve a unique reputation as a
writer prepared to go to almost any lengths to produce the
necessary explosion.

It was in 1917, when the Battle of Verdun was at its
height, that Cocteau threw his first "bomb," a ballet
sequence entitled *Parade, Ballet Réaliste*. The pioneer Surrealist play by Apollinaire, *Les Mamelles de Tirésias*, which
dates from the same year, can hardly have been more disconcerting. *Parade*, with costumes and scenic effects by
Picasso, music by Érik Satie and choreography by the
Russian Fokine, represents, as the title implies, the pre-
liminary show outside a fairground booth or circus. It is
a true ballet in a modern caricatural vein, and *réaliste*
because it exemplifies what Cocteau calls Picasso's method,
"la méthode picassienne du plus vrai que le vrai (synthèse

[1] *Le Rappel à l'ordre, Préface*, p. 9.
[2] Margaret Crosland, *Jean Cocteau* (Peter Nevill, 1955), pp. 27–28.
[3] *La Difficulté d'être* (Paul Morihien, 1947), p. 50.

de gestes familiers jusqu'à en faire une danse)."[1]   The ballet
in question was impudently modern, the musical score
incorporating the sound-effects of aeroplanes, dynamos and
even typewriters, but the disconcerted audience saw nothing
"realistic" in the production, and it was only the
presence among Cocteau and his friends of the recently
wounded soldier-poet Apollinaire with a bandage round
his head that saved them from physical violence.   This
was indeed a "surprise," one from which Cocteau never
entirely recovered, judging from his subsequent expressions
of grievance at his first sensational failure.

Whatever the real meaning of *Parade*,[2] it was clear that
Cocteau had made his début as far away from "literature"
as possible.   In *Le Bœuf sur le Toit*, produced in 1920 and
set in an imaginary American "speakeasy," he again
worked entirely in terms of mime and movement, going
this time for his executants not to the ballet but the circus,
the principal parts being performed by the famous clowns,
the Fratellini Brothers.   In this production (with settings
by Dufy and music by Darius Milhaud) the characters wore
huge masks (designed by Cocteau), artificial smoke-rings in
tulle hung from the ceiling, and a "decapitated" policeman
was seen searching for his own head until the "barman"
handed it to him on a tray.   Once again the result was a
scandal, and it was at least understandable that certain
critics should have denounced the poet as an avant-garde
mystificateur.   Cocteau, however, had merely put into

---

[1] *Le Rappel à l'ordre* (Picasso), p. 287.

[2] *Parade* ends with the dancers trying to make the audience realise
that the main show takes place *inside* the tent.   In *Les Mariés de la Tour
Eiffel* (*Œuvres complètes*, Marguerat, Vol. VII, 1948, *Préface*, p. 14), Cocteau
writes, "Toute œuvre vivante comporte sa propre parade.   Cette parade
seule est vue par ceux qui n'entrent pas."   For Cocteau all new forms
of beauty are doomed to be "invisible" to the contemporary public.

practice his belief that the *café-concert* was often pure, the theatre always corrupt.[1]

In the following year (1921) he lobbed his third "bomb" on to the Parisian stage—*Les Mariés de la Tour Eiffel*—in which for the first time he fused speech and mime together. In the Parisian setting of a stylised Eiffel Tower he presented a satirical picture of a bourgeois wedding party grouped for the ritual photograph. The actors, all in fact dancers from the Swedish Ballet then active in Paris, mimed their parts, entering through the lens of a huge "camera" lying across the stage, while the text was spoken by other actors through man-sized "gramophones" standing at either side. Cocteau was not only working on lines similar to those followed by the surrealists, Apollinaire and Jarry (author of the fantastic *Ubu Roi*); he had conceived the notion of a new theatrical form, mid-way between ballet and orthodox theatre, a form which with its settings and musical score would appeal to all the senses at once and provide a *spectacle complet*. He was out to satisfy all the Muses and provide what he calls a "proof by nine."[2] He was aiming, too, at a new conception of poetic drama, at a *poésie de théâtre*, as he calls it, rather than at the conventional *poésie au théâtre*, not at the kind of play which serves as a pretext for verbal poetry, but at one in which the "poetry" would emerge from action and stage effects. Such a play would be "the plastic expression of poetry." It would allow for the distance separating actors from audience and rely on effects that were strong rather than subtle, weaving patterns in "rope" rather than in

[1] *Le Rappel à l'ordre (Le Coq et l'Arlequin)*, p. 29. He at least had the satisfaction of seeing the title of his play become the name of a highly successful night-club, one of his favourite Parisian haunts.

[2] A characteristic pun on the nine Muses and the mathematical process of "casting out the nines" (*faire la preuve par neuf*).

"lace," and doing away with all niceties of style. As Cocteau puts it, "Avec *Les Mariés de la Tour Eiffel* j'ai construit à la poésie un gros appareil de transmission pour les planches..." He had got rid of the imagery and stylistic devices of the conventional poetic play and "only the poetry was left."[1] He was, in fact, although he does not say so, trying to take the theatre back to its distant origins in procession, music and movement. Finally, he was applying his cherished principle of "rehabilitating the commonplace," in accordance with his view that it is the function of poetry to strip the veil of familiarity from commonplace reality[2]—a view developed long ago by Shelley in his *Defence of Poetry*. In doing so Cocteau was finding his *chiffre*, his own original and distinctive style. So far, so good. And yet, when we examine the play, it becomes clear why certain critics should have rebelled. Despite all Cocteau's serious intentions, his play is full of what we should now call "shaggy dog" humour, with a stylised dance of congratulatory telegrams, a mock funeral-oration stiff with the traditional clichés of the *genre*, a ridiculous colonel for whom everything is "just a mirage" until a lion pursues him from the stage, and a finale in which the guests step into the "camera" and wave goodbye as it moves off like a train. The purpose of the buffoonery, claimed Cocteau, was to sugar the pill, to amuse the public during the process of re-education; this was "the secret of the theatre." Beneath the "absurd" (*l'absurde organisé, le bon absurde*), lay the "pure poetry" of the stage.[3] Cocteau himself was later to admit that it would take the public twenty years to appreciate this particular example of the

[1] *Le Rappel à l'ordre* (*D'un Ordre considéré comme une Anarchie*), p. 255.

[2] *Le Rappel à l'ordre* (*Le Secret professionnel*), p. 215.

[3] *Le Mystère laïc* (*Giorgio de Chirico*), p. 27 (Éditions des Quatre Chemins, 1928).

"poetry of the theatre," but even now *Les Mariés* seems to be looked upon by some critics as an amusing but pointless experiment.

This relative failure was to send Cocteau off in another direction and lead him indirectly to the composition of *La Machine Infernale*. From the outrageously modern he turned back into the past. In 1918 he had written a free translation of Shakespeare's *Romeo and Juliet*, and described the result as a *prétexte à mise-en-scène*. The phrase seems significant: presumably it means that instead of using the play as a "pretext" for poetry—for verbal poetry—he had set out to reverse the process and extract from a poetic text the dramatic essence of the "spectacle":

"Je voulais copier vite, debout, au musée, sur un calepin, une toile célèbre. On devine ce qui manque. Autre chose apparaît: un squelette robuste, enseveli sous les cartes de visite jetées dans la tombe de Vérone par les jeunes ménages du monde entier."[1]

"On devine ce qui manque..." What is missing here, in Cocteau's version, is the poetry of Shakespearean verse, and the "something else" that emerges from under the patina of sentimental associations overlaying the text is the dramatic structure, the framework of the action itself. Cocteau's translation is deliberately flat, utilitarian and prosaic; the luxuriance of the original has entirely disappeared.

The same observations apply to his equally free adaptation of the *Antigone* of Sophocles, produced in Paris in 1922. Here, if the "system" was the same, Cocteau's aim was more ambitious:

[1] *Œdipe-Roi. Roméo et Juliette*, Préface, p. 1 (Plon, 1928). Cf. *Antigone. Les Mariés de la Tour Eiffel*, Préface, pp. 9-10: "...'Cependant, Roméo, direz-vous, c'est un texte.' Un texte prétexte. Nous l'estimons inséparable des surprises visuelles qu'il motivait."

"En perfectionnant le système avec *Antigone* (1922), j'avais
découvert une autre méthode. Il s'agissait moins d'une
esquisse rapide que de retendre un vieux chef-d'œuvre, le
dérider, déblayer ses matières mortes, enlever la patine qui
donne le change à la longue sur une œuvre médiocre mais
n'ajoute rien aux chefs-d'œuvre, quoi qu'on en dise."[1]

Here again the translation is devoid of poetic graces;
Cocteau's *Antigone* is a plain, gaunt structure, framed in a
sort of basic French. Largely shorn of the original choruses,
the play moves with the speed which Cocteau considers
appropriate to the modern world. He had set out to
provide "a view of Greece from the air"; there were still
critics who preferred the view from the ground and who
considered that Sophocles needed no refurbishing, but the
experiment gave him valuable experience in the handling
of dialogue and in the general craftsmanship of the stage.

The year 1925 saw him again involved in the Sophoclean
cycle of tragedy, and his adaptation of *Œdipus the King* provides another example of drastic, almost brutal modernisation, with the choruses cut almost to nothing and the style
once more a flat, utilitarian idiom devoid of consciously
poetic effects. Needless to say, these exercises in "the
poetry of the theatre" involved the compensatory *truquage*,
the stage-devices of professional "magic" that were now
becoming characteristic of Cocteau's work. In *Roméo et
Juliette* the Prologue was to "fly" across the stage, trumpet
in hand (a clear link with the *féerie*, or fairy-play, in which
much of Cocteau's theatre has its roots); in *Antigone* the
Chorus had become a disembodied voice (Cocteau's own
voice) speaking through a hole in the scenery; in *Œdipe-
Roi*—played on a bare platform in the style of the anti-
realist producer, Jacques Copeau—the words of the Chorus
had been delivered by a hidden actor through the mouth

[1] *Œdipe-Roi. Roméo et Juliette. Préface,* pp. 1-2.

of a recumbent "statue." The statue, a recurrent "property" in Cocteau's plays, suggests the influence of the
painter Chirico,[1] but what is so characteristic of this element
in Cocteau's technique is its deliberate preference for the
artificial rather than the real. As he himself puts it, "Le
théâtre, c'est le carton, le trompe-l'œil, une sorte de belle
camelote."[2]

But once again the public response was mediocre, and it
became clear that if Cocteau was to "make contact" he
would have to deepen the content of his plays. Purity of
form was apparently not enough. *Orphée*, produced in
1926, was a major step in this direction. Based like its pre-
decessors on Greek sources, the play provides another bold
modernisation of an ancient myth and expresses themes
which Cocteau had previously reserved for his work in
verse, above all the theme of poetic inspiration and the
theme of death with which poetry for him is intimately
connected. Orphée for Cocteau is a modern poet, a
voyant, one who has contracted what Cocteau refers to in
Le Cap de Bonne Espérance as an *alliance avec le vide*; he is a
receiver of messages from the Beyond, from the zone where
sleep, death and poetry meet and merge, the zone where
the foot of the walking poet "enfonce parfois dans la
mort."[3] Poetic creation for Cocteau is a privileged experience for which the poet must pay, as Orphée pays, in terms
of suffering; his gift incurs the jealousy of his wife Eurydice,
the hatred of rival cliques, the hostility of the public. The
play is, however, primarily a "meditation on death," and
here Cocteau has modernised his theme in accordance with
a theory of Time reminiscent of the ideas popularised in

[1] The paintings of Chirico are the "pretext" for the volume entitled
Le Mystère laïc.

[2] *Le Rappel à l'ordre (Le Coq et l'Arlequin)*, p. 85.

[3] *Le Rappel à l'ordre (Le Secret professionnel)*, p. 219.

this country by J. W. Dunne and exploited in the English
theatre by J. B. Priestley.[1] Eurydice dies, and Death, in
the shape of an attractive young woman, allows Orphée to
step through a magic mirror into the zone of the
Beyond; needless to say the device provides another link
with the *féerie* and perhaps with Lewis Carroll.[2] Since,
in Cocteau's theory, time in this other dimension moves at
a different pace, the period spent by Orphée in the Underworld is imperceptible to those left behind.   Thus the sub-
title of the play: *Tragédie en un acte et un intervalle*—the
"interval" being the crack, the fissure in duration, through
which Orphée steps into this other dimension, this other
element, not time as it is mechanically measured, nor duration as experienced in the form of change, but rather an
imaginative impression of eternity.   On Orphée's return
the action is resumed at precisely the point at which he
stepped through the mirror.   The play, in other words, is
not only a "meditation" on poetry and on death; it is
another experiment in stage technique, and this technique
aims once more at the deliberate suggestion of unreality,
using devices that remove the play from the sphere of the
theatre into that of the music-hall.   The setting is artificial,
suggesting in Cocteau's words "les aéroplanes ou navires en
trompe-l'œil chez les photographes forains."   In the centre
of the stage (*i.e.*, in Orphée's drawing-room) there stands
—of all things—a loose-box containing a horse, a horse that
one day followed Orphée home, a "talking" horse that
with rhythmical taps of its delicate hoof spells out strange
messages from the Beyond.   And of course this is not a

[1] See J. W. Dunne, *An Experiment with Time* (A. and C. Black, 1927),
and J. B. Priestley, *Three Time-Plays: Dangerous Corner, Time and the
Conways, I Have Been Here Before* (Pan Books, 1947).

[2] Cf. *Clair-Obscur*, p. 180, "Hommage à Lewis Carroll" (Éditions
du Rocher, 1954).

real horse—that would be aping the naturalistic theatre—it
must be a pantomime horse whose legs, as Cocteau puts it,
are very like a man's legs! Then there is the scene in which
Death, helped by her assistants wearing the rubber gloves
of the operating theatre, carries out the *changement de
vitesse*[1] thanks to which Orphée's stay in the Underworld
will be unperceived by the rest, an operation during which
some strange "machine" is adjusted to various "settings"
described in the technical jargon of "science fiction." To
complete this impression of music-hall magic, one of the
assistants borrows a watch from a member of the audience
who a little later (with a *psst!*) reminds the supernatural
technician that his property has not been returned! Was it
surprising that one critic should have written the play off
as a *pochade de farceur*? Here we have another example of
the apparently crazy dualism that runs through Cocteau's
work. On the one hand we have the earnest, almost
desperately earnest playwright and poet, striving to com-
municate the results of his "meditation on death"; on the
other, the calculating master of stage-deception and *trompe-
l'œil*, who gives three pages of his text to explanations as to
how the various tricks are to be performed, how the glazier,
Heurtebise, is to be suspended in mid-air, how Eurydice is
to disappear from the stage, how the noise of the "time-
machine" is to be produced ("dans la coulisse, côté cour,[2]
une machine électrique à rumeur profonde. On peut
employer le *vacuum cleaner*..."). Transformed into a brilliant film, *Orphée* was to emerge without the talking horse,
and the loss was never regretted. Cocteau had asked too
much of his sophisticated Parisian audience. Not for
nothing was the published version of the play dedicated to

[1] There is another pun here, *changement de vitesse* having the double
meaning of a change of gear and a change of speed.
[2] "O.P.," or "opposite prompter" on the English stage.

the children of his collaborator Georges Pitoëff, and he might well have written for *Orphée* the line with which he addresses the cinema-going audience in *La Belle et la Bête*: "Retrouvez la naïveté de votre jeune âge..." A story still circulates about a lady in the audience at the performance of *Orphée*; how she sat calmly through the stage-magic and accepted even the horse, but reacted with a loud "Ah ça, non!" to Orphée's march through the mirror.[1]

The stage tricks of *Orphée* had now given a widespread impression that Cocteau was incapable of anything else in the theatre, but a few years later, in 1930, with a brilliant one-act play, *La Voix Humaine*, he forced the public to acknowledge his mastery. He had been accused of relying too much on "stage-business" and technical dodges; his answer was a play in which one character only is visible, a heartbroken woman abandoned by her lover and saying an agonising goodbye to him over the telephone. As determined as ever to avoid the "literary" theatre, Cocteau boasted that in *La Voix Humaine* he had written an "unreadable" play, one that would serve as a "prétexte pour une actrice" and become its true self only on the stage. There was to be no aping of realism or of naturalism, no solving of psychological problems ... "Il ne s'agit que de résoudre des problèmes d'ordre théâtral... Il ne saurait en exister d'autres," he wrote.[2] Yet, ironically enough, this first real success of Cocteau's in the eyes of the Parisian public involves a further concession to tradition and a characteristic "refurbishing" of the commonplace. What situation could have been more familiar to a *boulevard* audience than that of the abandoned mistress, forcing back her tears, burying her face in the gloves that her lover has forgotten, caressing the dog that pines for its absent master? The play solved

[1] Recounted by Cocteau in *Le Mystère laïc*, p. 53.
[2] *La Voix Humaine*, *Préface*, p. 12 (Stock, 1946 edition).

no "psychological problems," but it was certainly based on psychology that the man-in-the-street understood. Cocteau seemed to have come full circle, from a wholly experimental theatre based on ballet, to the themes of the commercial theatre and—most surprising of all—to the stage of the Comédie Française:

"Le boulevard ayant fait place au cinématographe et les scènes dites d'avant-garde ayant pris peu à peu la position du *boulevard*, un cadre officiel, cadre en or, reste le seul capable de souligner un ouvrage dont la nouveauté ne saute pas aux yeux."[1]

La Machine Infernale, the story of Œdipus, the young prince condemned by Fate to kill his father and marry his mother, continues this trend towards a deepening of psychological content, and represents a typical effort on the playwright's part to "re-think" an ancient myth in relation to modern ideas. The play has been written with the Freudian "Œdipus complex" in mind, that deep unconscious mutual attraction of mother and son, with its counterpart in the equally powerful hostility of son and father, the all-too-common pattern of family relationships that according to Freud underlies so much human misery and so many failures to find adjustment to the harsh realities of adult life. Once again Cocteau was setting out to "refurbish" a masterpiece, this time in terms of a revolutionary conception of the human self.

As we have already seen, he had translated the *Œdipus the King* of Sophocles in 1925, and this material was to form the basis of his fourth and final act. From here he seems to have worked backwards and sketched in the imaginary events leading up to the final catastrophe. His first reference to the project (in his printed works) indicates that the present Act II was in one sense the kernel of the new play:

[1] Ibid., pp. 12-13.

"Je rêve qu'il me soit donné d'écrire un *Œdipe et le Sphinx*,
une sorte de prologue tragi-comique à *Œdipe-Roi*, précédé
d'une grosse farce avec des soldats, un spectre, le régisseur,
une spectatrice."[1]

The purpose of the first act, the *grosse farce* (from which
the author must have decided to exclude both *régisseur*
and *spectatrice*, such interventions from "stage-staff" and
"audience" being perhaps too obviously reminiscent both
of Pirandello and of the Chinese theatre) is to introduce
the characters, to build up that electric atmosphere of
expectancy and tension which seems to be Cocteau's natural
medium, and to prepare us for the development of the
metaphysical theme through the agency of the Ghost.   The
scene on the battlements is of course a reminder of *Hamlet*;
the Ghost is a poor, unhappy spirit, a pathetic object of
human pity; whereas in *Hamlet* the Ghost comes to warn
the son against his mother, here the dead Laïus strives to
warn mother against son.   Unseen by Jocaste, he is finally
dragged away by unseen hands, a grisly touch the full
significance of which emerges later.

Act II is undoubtedly one of the best things that Cocteau
has ever done, and this is not merely a matter of settings
and stage design, much as the work of Christian Bérard
must have contributed to the final effect.   There is a
stylistic elegance, a precision and a verbal resilience in the
dialogue of Œdipe and the Sphinx unequalled in Cocteau's
earlier work.   The gentle, mocking irony of the unrecognised Sphinx, the naïve conceit of the "Child of Fortune,"
the jugglery of the transformation scene, the sudden
appearance in the moonlight of the dreaded Sphinx, and the
tremendous *tour de force* of the incantation produce a
cumulative dramatic effect that is first-class "theatre" from
beginning to end.   It is true that some of the devices em-

[1] *Opium*, p. 245.

ployed are part of the author's familiar stock-in-trade; there was a headless figure in *Le Bœuf sur le Toit* and a headless statue in *Orphée*, but this time the *truquage* fulfils its purpose, and as Œdipe makes for Thebes with the horrible head of his adversary dangling over his shoulder and the voices of Anubis and Némésis reverberate through the theatre in a vast swirling of supernatural veils, one can hardly fail to register that surge of electric tension which seems to be the essence of Cocteau's "poetry of the theatre."

Act III takes the audience into the ill-starred bridal chamber, and moves in a thick, oppressive atmosphere of imminent doom. Some of the details again seem rather obvious—the cot, for example—or the belt (given by Œdipe to the Sphinx in the previous act), the reappearance of which serves to prepare the audience for the coming to life of the furry rug as it rears from the floor to disclose the ghastly head of Anubis. The device is at least as old as Romantic drama; the hunting-horn plays a similar part and is equally evocative in Hugo's *Amy Robsart* and *Hernani*. More subtle effects are produced by the strange, drugged fatigue of bride and bridegroom, their odd, disjointed speech, conveying an impression of minds already half-submerged in that underworld of sleep that for Cocteau is also the realm of death. The coming to life of the rug, the song of the drunkard in the street (even if reminiscent of the blind man's song in *Madame Bovary*), the tinkling of the fountain in the oppressive silence of the night—everything contributes to the electric, almost intolerable atmosphere of a room alive with unseen presences. The final touch, as Jocaste sees the revealing scars on the feet of her husband and the curtain falls on the spectacle of a middle-aged woman staring at herself in the glass, provides a conclusion enigmatic and sinister beyond anything in the Greek original. We have no idea of what is passing through Jocaste's mind, nor is this ever made clear, but the implications of the discovery do nothing to lessen the impact of Cocteau's skill in the medium of morbid suggestion.

The first three acts have all taken place by night; in the fourth "lumière est faite" as the harsh, blinding truth explodes among the fragile human group. This act, as we have seen, is based directly on Cocteau's earlier translation of *Œdipus the King*, but here, as in *Antigone*, the original material is "streamlined" into a few hundred words—another exercise in *vitesse*—providing a clean-cut and fast-moving conclusion to the play. There are one or two changes and additions. Jocaste, for example, shows none of the relief and joy of the original Jocasta at the news from Corinth, the news that seems to put Œdipus for ever beyond the reach of the Oracle. One can only conclude that her first glimpse of the fatal scars, seventeen years earlier, had opened her mind to the frightful possibilities that are now becoming all too clear. The red scarf with which she hangs herself was suggested by the horrible death in 1927 of Isadora Duncan.[1] The decision of Antigone to accompany her blind father as he leaves Thebes comes from the *Œdipus at Colonos* of Sophocles, and the pathetic final detail, the resurgence of Jocaste, not as a wife but as an anxious, watching mother, invisible to Antigone, invisible to all but her blind son, speaking the same words as Antigone and almost in the same voice, is of Cocteau's own invention, providing an ending which could hardly fail to move the most blasé or the most cynical of audiences.

There is normally no 'message' in the plays of Cocteau, but in his *Journal* he writes:

"J'ai compliqué l'atroce farce dans *la Machine Infernale*

[1] Isadora Duncan, an American dancer, died at Nice when her long shawl became entangled in the wheel of her moving open car. See note to p. 6.

en faisant de la victoire d'Œdipe sur le Sphinx, une victoire postiche née de son orgueil et de la faiblesse du personnage Sphinx, animal mi-divin, mi-féminin. Le Sphinx agit comme agira la princesse dans mon film *Orphée*, lorsqu'elle se croit condamnée pour crime de libre-arbitre. Le Sphinx, intermédiaire entre les dieux et les hommes, est joué par les dieux qui feignent de le laisser libre, en lui soufflant de sauver Œdipe, à seule fin de le perdre."[1]

Within the framework of tragedy Cocteau has developed a theory of predestination which reaches out beyond the world of men to implicate the gods themselves. Not only do the real parents of Œdipe fail to outwit the Sphinx, not only does he abandon Corinth only to find himself on the road to Thebes, but the whole universe is here controlled, as in some novel of Franz Kafka's, by whole hierarchies of related divinities, rising in tier upon tier of godheads and dependencies above the heads of a luckless humanity. "Obéissons," says Anubis. "Le mystère a ses mystères. Les dieux possèdent leurs dieux. Nous avons les nôtres. Ils ont les leurs. C'est ce qui s'appelle l'infini." In vain the Ghost tries to warn Jocaste of the fate in store for her, and when the Sphinx in her turn tries to rebel against the Law, her gesture is equally vain, just as the "victory" of Œdipe is a failure, a *victoire postiche*. It is all part of the Plan, part of the well-oiled predestination of the cosmic machine.

This theory is developed at the metaphysical level in terms of another theory of Time. Just as in *Orphée* the world of the dead was shown as existing not in another place, but in another dimension, so here freedom and responsibility are shown as being (in Cocteau's view) functions of a similar illusion of time. As Anubis puts it, "le temps des hommes est de l'éternité pliée." We feel that we are free because we feel that we can choose to perform

[1] *Journal d'un Inconnu*, p. 41.

any series of acts in any sequence. But if time itself is an illusion, there is in fact no sequence of moments and therefore no sequence of actions. The apparent pattern of separate events has existed from all eternity.[1]

T. S. Eliot expresses a similar thought in the first lines of his *Four Quartets*:

> Time present and time past
> Are both perhaps present in time future,
> And time future contained in time past.
> If all time is eternally present
> All time is unredeemable.
> What might have been is an abstraction
> Remaining a perpetual possibility
> Only in a world of speculation.
> What might have been and what has been
> Point to one end, which is always present.
> Footfalls echo in the memory
> Down the passage which we did not take
> Towards the door we never opened
> Into the rose-garden. My words echo
> Thus, in your mind.
>
> But to what purpose
> Disturbing the dust on a bowl of rose-leaves
> I do not know.[2]

At the psychological level, freedom is nullified for Cocteau by such manifestations of the unconscious mind as the Œdipus Complex, by the treachery of that Dark Self which for D. H. Lawrence was the secret repository of wisdom and the dynamic source of psychic life. In his novel, *Les Enfants Terribles*, he had shown two children all but lost in the depths of the *inconscience primitive*, in the depths of an Unconscious so deep and so dark that in the

[1] Cf. *Journal d'un Inconnu*, pp. 24, 27, 37.
[2] *Four Quartets (Burnt Norton)* (Faber and Faber, 1944), p. 7.

words of André Gide, "le motif secret de nos actes nous échappe." Like his contemporary in the theatre, Henry Lenormand, Cocteau has turned away from the psychology of the classical tragedy, from the "Cartesian hero," to use Lenormand's term, who sees clearly into himself, in favour of a view of man and of human behaviour dominated by what Cocteau calls *la nuit du corps humain*. Fate, through the agency of the unconscious self, determines not only what we do, but, as in the case of the characters in *La Machine Infernale*, what we want to do. Not only our acts but our desires, including the desire to be free, are wished upon us.

This cloudy conception of the human soul at the mercy of forces beyond its control contributes to the emotional unity of Cocteau's work. The recurrent image of the deep-sea diver, the *scaphandrier*, so frequent in his poems, stands for that "plunge" into the secret self which has brought him poetic inspiration but no reassurance that "all shall be well"... "Descend lower," writes T. S. Eliot,

> Descend lower, descend only
> Into the world of perpetual solitude,
> World not world, but that which is not world,
> Internal darkness, deprivation
> And destitution of all property,
> Desiccation of the world of sense,
> Evacuation of the world of fancy,
> Inoperancy of the world of spirit... [1]

Cocteau, who makes no secret of his own dread of the void, seems to have gone down into these depths, felt the surge of nightmare, and, to paraphrase his own expression, returned dry-lipped with fear.[2]

[1] *Four Quartets* (*Burnt Norton*), p. 11.
[2] In *La Difficulté d'être* (p. 160) he refers to this "crainte du vide" and adds, "elle me dessèche." Cf. Claude Mauriac, *Jean Cocteau, ou la vérité du mensonge* (Odette Lieutier, 1945), p. 116.

It seems clear, however, that in *La Machine Infernale* Cocteau at last achieved a true synthesis of his many gifts, gifts which had previously pulled in opposite directions. The impulse towards the ballet-pattern of mime and movement, the opposite trend towards verbal display, the sense of the dark night of the soul and the bright awareness of the everyday world—all these elements had now fused together in the making of a brilliant play. Cocteau had successfully "rehabilitated the commonplace" and refurbished an ancient theme in terms of a modern view of human psychology. At the same time he had set out, as he puts it, to *déniaiser le sublime*, and he had succeeded in resisting all temptation towards rhetoric, pompous over-writing and poetic inflation. He had in fact not only modernised but discreetly "humanised" his text. In this respect the scene involving the Matron and her children seems entirely successful, but certain critics have disapproved of the Queen's habit of addressing the great Tirésias as "Zizzy", and there seems to be no point in giving a foreign accent to a queen who was a native of Thebes. But the play is refreshingly free from strained attitudes and false sublimity. There is a curious hint of Cocteau's intentions in the scene in which Œdipe hesitates as to how he should carry the Sphinx's body to the gates of the city. Should he carry it in his outstretched arms? He decides otherwise:

"Pas ainsi. Je ressemblerais à ce tragédien de Corinthe que j'ai vu jouer un roi et porter le corps de son fils. La pose était pompeuse et n'émouvait personne."

What king could have suggested these lines if not Creon, in the original *Antigone*? We are entitled to disagree with Cocteau's view of one of the greatest scenes in the history of the theatre, but his meaning is clear, and in his determination to avoid the artificial poses of an earlier mode he has striven once more to preserve his own conception of dramatic authenticity.

After the production in 1934 of *La Machine Infernale* Cocteau made a great name in the world of what he always called the *cinématographe*, the *écriture d'ombre et de lumière*, and his love of stage-magic found a perfect outlet in the camera-tricks of his films. Since the pioneer "surrealist" production, *Le Sang d'un Poète* (1931), such films as *L'Éternel Retour* (1943), *La Belle et la Bête* (1945) and above all *Orphée* (1950)[1] have become classics of the French cinema. In the theatre he persisted in his characteristic trends. He continued to "rehabilitate the commonplace," putting new wine into old bottles with a *féerie* such as *Les Chevaliers de la Table Ronde* (produced in 1937), complete with Merlin and enchanted castle, a typically *boulevard* play, *Les Parents Terribles* (1938), inspired like *La Machine Infernale* by the theme of the Œdipus Complex, and a "classical" tragedy in alexandrines, *style noble*, etc., entitled *Renaud et Armide*. During the war his play *La Machine à écrire* (1941), about a 'poison-pen' letter-writer, was banned by the Vichy government. He returned after the war to what he called the *mimodrame* with *Le Jeune Homme et la Mort* (1946), toyed with Ruritanian drama in *L'Aigle à Deux Têtes* (1946) and ventured for the first time into the play of ideas with *Bacchus* (1951). From first to last he remained faithful to his lifelong rule of non-attachment, refusing to take sides in any kind of controversy and remaining, as he put it, "extérieur à l'œuvre."[2]

Cocteau, in other words, would have no truck with the theory of *engagement*, or "committed literature" that

[1] Cf. *Le Testament d'Orphée* (1960), Cocteau's last film.
[2] *Les Parents Terribles*, *Préface* I (*Œuvres complètes*, Vol. VII), p. 84.

means so much to Jean-Paul Sartre, and he seemed to have none of the latter's conviction that in a world of such misery and squalor as ours the writer's duty is to lend a hand.   His work turns away from more than stage-realism; it turns away from what most of us look upon as "real life."   Realism is essentially concerned with man as a social being; Cocteau, who boasted in *La Difficulté d'être* that he "knew nothing of the world," was interested as a playwright neither in society nor in the "social self" which society encourages us to cultivate.   Like Gide he considered that to conform deliberately to the social pattern was to mutilate one's true personality.   Like Vigny, whose expression he used, he believed in the reality of the *mensonge social* and considered it the artist's duty to develop his eccentricities.   One of his favourite aphorisms was: "Ce que le public te reproche, cultive-le, c'est toi."[1]   We must at all costs "obéir sans négligence aux contradictions de notre individu."   For him, as for Gide, idiosyncrasy is our *maladie de valeur*.   Like Rimbaud he distinguishes between an outer, "official" and therefore distorted self and a true, "pure" and inner self which must be protected from the outside world.   A similar principle animates many of the plays of Jean Anouilh, and in both writers there is a strongly Romantic element, derived perhaps from Jean-Jacques Rousseau, in this conception of an inner "angelic" self, this private *angélisme* which Cocteau, going farther than the Romantics in this respect, seemed to consider as independent of the moral requirements of social life.   Cocteau's idea of a completely individual morality—the *morale particulière* which he believed all art must reflect—rests on a peculiarly Romantic concept of an immanent and personal godhead, a concept which might explain his disdain for ordinary moral values and for the "works" that

[1] *Le Rappel à l'ordre (Le Coq et l'Arlequin)*, p. 35.

earn social merit if not salvation. This *angélisme* might also explain such breath-taking statements as that in which he claimed to live "quite naturally" in accordance with the Gospels.[1] The poet of a privileged vision, he asked not to be admired, but to be "believed."

Cocteau therefore carried the cult of freedom to extremes in all directions. Despite a short flirtation with Catholicism (when Jacques Maritain set out to convert him) and despite his early contacts with both the Dada and the Surrealist movements, he remained most of the time aloof from the religious, political and artistic movements of his generation and took a real pleasure in "contradicting what is known as the *avant-garde*." He was an almost rabid individualist, a typical son of the nineteenth century and of the "Decadent" school of poetry. For Cocteau the only *engagement* that mattered was the *engagement baudelairien envers soi-même*, a self-commitment which for him was a purely private *chose de l'âme* and the first rule of which was: "ne pas s'y réserver [*i.e.*, dans l'âme] un pouce de confort."[2] This discipline seems to represent a form of artistic asceticism through which Cocteau strove to persist in his innermost being and to preserve what he called his *ligne*, his *style de l'âme*, his own distinctive and artistic approach to life. His 'religion,' in other words, seems basically aesthetic and his proudest boast was: "Je suis un homme libre."

As Robert Kanters wrote in a striking obituary notice:

Pour bien des raisons, qui tiennent à son histoire personnelle et à l'histoire de notre temps, il a vécu comme s'il substituait une esthétique à une éthique, et c'est peut-

---

[1] *La Difficulté d'être*, p. 38.
[2] Cf. *Discours de réception de M. Jean Cocteau à l'Académie française* (Gallimard, 1955), p. 45, and *La Difficulté d'être*, p. 116.

être en s'appuyant là-dessus que notre temps aura tendance
à lui contester sa place. Mais il avait de l'esthétique une
idée assez rigoureuse, à sa manière, pour qu'elle lui
permette de réinventer une sorte de sacré et d'en faire son
étoile.[1]

The paradox in the case of Cocteau is that he also seems
to be a fatalist, and it is the clash between the urge to be
free and the resistance of a philosophical necessity operating
through the promptings of the Unconscious that provides
the inner tension of La Machine Infernale. Here Greek
fatalism and psychological determinism form a pessimistic
pattern far darker than that of either tragedy or Freudian
psychology. The Nemesis of tragedy punishes man for his
sins of pride, which postulates freedom and responsibility,
while the theories of Freud hold out the possibility of
understanding and "integrating" the unconscious mind
through a process of analysis and increasing self-awareness.
Cocteau, however, not only rejects what he calls
"moralism" in art, he makes no judgments on his characters
and rarely seems even to associate them with ideas of right
and wrong. The result is that his work is disconcerting for
those who have become accustomed to expect some
'message' from the writer and the artist. Cocteau's
work is never in any valid sense a "criticism of life"; it
provides something more like a preview of death.
Suicide, death and the sensation of dying are features
common to many of his productions whether in
verse or prose, and his equation of the *esprit de poésie*
with the *esprit de mort* is a significant element in his
"aesthetic." We miss in his plays that sense of a coherent
system of moral values in the light of which tragedy draws
to its satisfying conclusion. Perhaps this is the price that

[1] Robert Kanters, "Un Ami dort", in *Le Figaro Littéraire*, 19th
October 1963.

has to be paid for the freedom of art. Everyone knows that didacticism is dull, and great art does not necessarily grow out of improving notions and tracts for the times. But a playwright cannot very well reject the moral issues that produce so much of the tension of adult life, or replace the sense of good and evil by a moral "system of weights and measures" (the "moral gravitation" dear to Victor Hugo and the Romantic socialists), and still hope to satisfy us at every level of our critical awareness. That is not to say that moral issues play no part at all in Cocteau's work, but when they do, as in *La Machine Infernale* or *Les Parents Terribles* or in stories like *Les Enfants Terribles*, he is forced to accept his values ready-made, and it is then that he falls back on the monstrous and the morbid, on the themes of parricide, incest and their associated passions. Such feelings may well go down to the very roots of our nature, as Freud insists that they do, but they belong to the realm of the unconscious mind, and when brought up to the light of day they seem foreign to the universe of conscious thought in which we normally move. Thus Cocteau runs the risk of playing more on our "nerves" than on our emotions, and for many this brings him far too close to the atmosphere of Grand Guignol.

Opinions are sharply divided as to the value of his work. Some see him as a clever trickster, an "ingénieur-ès-sciences célestes" (Claude Mauriac) or "le parfait comédien de la sincérité" (Alfred Mortier). Others, more generous, like the late Henri Bremond, prefer to rank him among the "bienfaisants mystificateurs." There are also the enthusiastic and loyal admirers like Jean Genêt (for whom Cocteau is a truly great poet) and the German poet Rainer Maria Rilke who once described Cocteau as "le seul à qui s'ouvre le mythe dont il revient hâlé comme du bord de la mer." His work in the theatre stems from the old *féerie*, the French equivalent of our pantomime, and most of his plays offer, as Cocteau says opium offers, "un retour à l'enfance, à son secret." For Cocteau there were two classes of people, the poets and *les grandes personnes*. Here again, he had something in common with Anouilh. In many of his plays and stories the pattern of human relationships suggests that it is from the point of view of youth that Cocteau looked out on life. "Chez moi la jeunesse s'étire," he complained, and for many he was the Peter Pan of French literature, whose motto was always: "Si vous voulez rester jeune, débutez toujours." And as long as so many critics remain obstinately and incurably adult in their outlook, so long will he remain for them what he called *un homme invisible*.[1] For Cocteau, as for Baudelaire, "le génie n'est que l'enfance retrouvée."

But others will no doubt continue to appreciate his delightful charm, his grace and lightness, the scenic originality of his plays and their masterly dialogue. He has always been in love with words and has nearly always struggled against their magic. "Tous les mots me grisent et entraînent les idées," he writes, but for most of his life he has striven towards a style that would be "rapide, dur, économe de vocables." He has given free rein to his love of words in the long incantation of the Sphinx, where language flows in a great surge, but normally he resists this tendency to verbal liquefaction. "Les mots ne doivent pas couler; ils s'encastrent," he writes in *La Difficulté d'être*, and this deliberate choice of a hard and resistant medium explains much of the power of *La Machine Infernale* and of *Les Parents Terribles*.

The tide may well have turned against the drama of the inexorable Unconscious, but the "voluntarism," or cult of decision and choice, and the new heroism so strongly in

[1] *Journal d'un Inconnu*, p. 16.

evidence in modern French literature, seem to have left
Cocteau unmoved.   Faithful to the precepts of fifty years,
he guarded his independence to the end; perhaps, as he said
to himself in *La Difficulté d'être*, it would have been simpler
to take sides and accept a doctrine:

> "Intrépide et stupide, il te fallait prendre un parti.   Cela
> limite la difficulté d'être, puisque pour ceux qui embrassent
> une cause, ce qui n'est pas cette cause n'existe pas.
> Mais toutes les causes te sollicitent.   Tu as voulu ne te
> priver d'aucune.   Te glisser entre toutes et faire passer le
> traîneau.
> Eh bien, débrouille-toi, intrépide.   Intrépide et stupide,
> avance.   Risque d'être jusqu'au bout."[1]

And so, as the curtain rises on *La Machine Infernale*, we
say farewell to Jean Cocteau, who died aged seventy-four,
as young in spirit as ever, as uncommitted and as
apparently free as air.

[1] *La Difficulté d'être*, p. 272.

Suggestions for Further Reading

BRASILLACH, R., *Portraits* (Plon, 1935).

PILLEMENT, G., *Anthologie du théâtre contemporain* (Éditions du Bélier, 1945).

MAURIAC, CL., *Jean Cocteau, ou la Vérité du mensonge* (Odette Lieutier, 1945).

[SYMPOSIUM] *Jean Cocteau. Sa vie, son œuvre, son influence.* ("*Empreintes*") (L'Écran du monde, Brussels, 1950).

LANNES, R , *Jean Cocteau* (Pierre Seghers, 1952).

MILLECAM, J.-P., *L'Étoile de Jean Cocteau* (Éditions du Rocher, Monaco, 1952).

HOBSON, H., *The French Theatre of Today* (Harrap, 1953).

FOWLIE, W., *Age of Surrealism* (Dennis Dobson, 1953).

DUBOURG, P., *Dramaturgie de Cocteau* (Éditions Bernard Grasset, 1954).

CROSLAND, M., *Jean Cocteau* (Peter Nevill, 1955).

FRAIGNEAU, A., *Cocteau par lui-même* (Éditions du Seuil, 1957).

KNOWLES, D., *French Drama of the Inter-war Years* (Harrap, 1967) Ch. II.

SPRIGGE, E. and KIHM, J.-J., *Jean Cocteau, The Man and the Mirror* (Gollancz, 1968).

STEEGMULLER, FR., *Cocteau* (Macmillan 1970).

LA MACHINE INFERNALE

DÉDICACE

A Marie-Laure et à Charles de Noailles

J'ai souvent répété qu'une chose ne pouvait à la fois *être* et *avoir l'air*. Ce credo perd de son exactitude lorsqu'il s'agit du théâtre, sorte d'enchantement assez louche où *l'avoir l'air* règne comme le trompe-l'œil sur les plafonds italiens. Or, cet enchantement, personne au monde n'en exploite mieux les ressources que Christian Bérard, lorsqu'il oppose au réalisme et aux stylisations, ce sens de la vérité en soi, d'une vérité qui dédaigne la réalité, méthode inimitable n'ayant d'autre objectif que de mettre dans le mille à chaque coup.

Je lui composai d'abord une dédicace de reconnaissance, mais, en somme, n'est-il pas logique de nous unir pour dédier ensemble une collaboration si profonde à Marie-Laure et à Charles de Noailles, singulier ménage d'artistes, possédant le génie sous sa forme la plus rare, je veux dire le génie du cœur.

...à ce point que je ne conçois guère (mon cerveau serait-il un miroir ensorcelé?) un type de beauté où il n'y ait du *malheur*.

. . . .

J'ai essayé plus d'une fois, comme tous mes amis, de m'enfermer dans un système pour y prêcher à mon aise. Mais un système est une espèce de damnation... Je suis revenu chercher un asile dans l'impeccable naïveté. C'est là que ma conscience philosophique a trouvé le repos.

CHARLES BAUDELAIRE

Les dieux existent: c'est le diable.

J. C.

PERSONNAGES

ŒDIPE
ANUBIS
TIRÉSIAS
CRÉON
LE FANTÔME DE LAÏUS
LE JEUNE SOLDAT
LE SOLDAT
LE CHEF
LE MESSAGER DE CORINTHE
LE BERGER DE LAÏUS
UN PETIT GARÇON DU PEUPLE
LA VOIX
JOCASTE
LE SPHINX
LA MATRONE
ANTIGONE
UNE PETITE FILLE DU PEUPLE

Note

An asterisk in the text indicates that the phrase or word so marked has been explained in the Notes at the end of the book.

LA VOIX*

«Il tuera son père.   Il épousera sa mère.»

Pour déjouer cet oracle d'Apollon, Jocaste, reine de
Thèbes, abandonne son fils, les pieds troués et liés, sur la
montagne.   Un berger de Corinthe trouve le nourrisson
et le porte à Polybe.   Polybe et Mérope, roi et reine de
Corinthe, se lamentaient d'une couche stérile.   L'enfant,
respecté des ours et des louves, Œdipe, ou *Pieds percés*, leur
tombe du ciel.   Ils l'adoptent.

Jeune homme, Œdipe interroge l'oracle de Delphes.

Le dieu parle: *Tu assassineras ton père et tu épouseras ta
mère.*   Donc il faut fuir Polybe et Mérope.   La crainte du
parricide et de l'inceste le jette vers son destin.

Un soir de voyage, au carrefour où les chemins de
Delphes et de Daulie se croisent,* il rencontre une escorte.
Un cheval le bouscule; une dispute éclate; un domestique
le menace; il riposte par un coup de bâton.   Le coup se
trompe d'adresse et assomme le maître.   Ce vieillard mort
est Laïus, roi de Thèbes.   Et voici le parricide.

L'escorte craignant une embuscade a pris le large.   Œdipe
ne se doute de rien; il passe.   Au reste, il est jeune, en-
thousiaste; il a vite oublié cet accident.

Pendant une de ses haltes, on lui raconte le fléau du
Sphinx.   Le Sphinx, «la Jeune fille ailée», «la Chienne qui
chante», décime la jeunesse de Thèbes.   Ce monstre pose
une devinette et tue ceux qui ne la devinent pas.   La reine

Jocaste, veuve de Laïus, offre sa main et sa couronne au vainqueur du Sphinx.

Comme s'élancera le jeune Siegfried,* Œdipe se hâte. La curiosité, l'ambition le dévorent. La rencontre a lieu. De quelle nature, cette rencontre? Mystère. Toujours est-il que le jeune Œdipe entre à Thèbes en vainqueur et qu'il épouse la reine. Et voilà l'inceste.

Pour que les dieux s'amusent beaucoup, il importe que leur victime tombe de haut. Des années s'écoulent, prospères. Deux filles, deux fils, compliquent les noces monstrueuses. Le peuple aime son roi. Mais la peste éclate. Les dieux accusent un criminel anonyme d'infecter le pays et ils exigent qu'on le chasse. De recherche en recherche et comme enivré de malheur, Œdipe arrive au pied du mur. Le piège se ferme. Lumière est faite. Avec son écharpe rouge Jocaste se pend.* Avec la broche d'or de la femme pendue, Œdipe se crève les yeux.

Regarde, spectateur, remontée à bloc, de telle sorte que le ressort se déroule avec lenteur tout le long d'une vie humaine, une des plus parfaites machines construites par les dieux infernaux* pour l'anéantissement mathématique d'un mortel.

ACTE PREMIER

LE FANTOME

ACTE PREMIER[1]

LE FANTOME

Un chemin de ronde* sur les remparts de Thèbes. Hautes murailles. Nuit d'orage. Eclairs de chaleur. On entend le tam-tam et les musiques du quartier populaire.

LE JEUNE SOLDAT. Ils s'amusent!

LE SOLDAT. Ils essayent.

LE JEUNE SOLDAT. Enfin, quoi, ils dansent toute la nuit.

LE SOLDAT. Ils ne peuvent pas dormir, alors, ils dansent.

LE JEUNE SOLDAT. C'est égal, ils se saoulent et ils font l'amour et ils passent la nuit dans les boîtes,* pendant que je me promène de long en large avec toi. Eh bien, moi je n'en peux plus! Je n'en peux plus! Je n'en peux plus! Voilà, c'est simple, c'est clair: Je n'en peux plus.

LE SOLDAT. Déserte.

LE JEUNE SOLDAT. Non, non. Ma décision est prise. Je vais m'inscrire pour aller au Sphinx!*

LE SOLDAT. Pourquoi faire?

---

[1] Les quatre décors seront plantés sur une petite estrade au centre de la scène, entourée de toiles nocturnes. L'estrade changera de pente selon la nécessité des perspectives. Outre les éclairages de détail, les quatre actes baignent dans l'éclairage livide et fabuleux du mercure.

LE JEUNE SOLDAT. Comment pourquoi faire? Mais pour faire quelque chose! Pour en finir avec cet énervement, avec cette épouvantable inaction.

LE SOLDAT. Et la frousse? *jitters, fear*

LE JEUNE SOLDAT. Quelle frousse?

LE SOLDAT. La frousse quoi... la frousse! J'en ai vu de plus malins que toi et de plus solides qui l'avaient, la frousse. A moins que monsieur veuille abattre le Sphinx et gagner le gros lot.

LE JEUNE SOLDAT. Et pourquoi pas, après tout? Le seul rescapé du Sphinx* est devenu idiot, soit. Mais si ce qu'il radote* était vrai. Suppose qu'il s'agisse d'une devinette. Suppose que je la devine. Suppose...

LE SOLDAT. Mais ma pauvre petite vache,* est-ce que tu te rends bien compte que des centaines et des centaines de types qui ont été au stade* et à l'école et tout, y ont laissé leur peau, et tu voudrais, toi, toi pauvre petit soldat de deuxième classe...*

LE JEUNE SOLDAT. J'irai! J'irai, parce que je ne peux plus compter les pierres de ce mur, et entendre cette musique, et voir ta vilaine gueule, et...   *Il trépigne.*

LE SOLDAT. Bravo, héros! Je m'attendais à cette crise de nerfs. Je la trouve plus sympathique. Allons... Allons... ne pleurons plus... Calmons-nous... là, là, là...

LE JEUNE SOLDAT. Je te déteste!

Le Soldat cogne avec sa lance contre le mur derrière le Jeune Soldat. Le Jeune Soldat s'immobilise.

LE SOLDAT. Qu'est-ce que tu as?

LE JEUNE SOLDAT. Tu n'as rien entendu?

LE SOLDAT. Non... Où?

LE JEUNE SOLDAT.   Ah!... il me semblait... J'avais cru...

LE SOLDAT. Tu es vert... Qu'est-ce que tu as?... Tu tournes de l'œil?*

LE JEUNE SOLDAT. C'est stupide... Il m'avait semblé entendre un coup. Je croyais que c'était lui!

LE SOLDAT. Le Sphinx?

LE JEUNE SOLDAT. Non, lui, le spectre, le fantôme quoi!

LE SOLDAT. Le fantôme? Notre cher fantôme de Laïus?* Et c'est ça qui te retourne les tripes. Par exemple!

LE JEUNE SOLDAT. Excuse-moi.

LE SOLDAT. T'excuser, mon pauvre bleu? Tu n'es pas fou! D'abord, il y a des chances pour qu'il ne s'amène plus après l'histoire d'hier, le fantôme. Et d'une. Ensuite, de quoi veux-tu que je t'excuse? Un peu de franchise. Ce fantôme, il ne nous a guère fait peur. Si... Peut-être la première fois... Mais ensuite, hein?... C'était un brave homme de fantôme, presque un camarade, une distraction. Alors, si l'idée de fantôme te fait sauter en l'air, c'est que tu es à cran, comme moi, comme tout le monde, riche ou pauvre à Thèbes, sauf quelques grosses légumes qui profitent de tout. La guerre c'est déjà pas drôle, mais crois-tu que c'est un sport que de se battre contre un ennemi qu'on ne connaît pas. On commence à en avoir soupé des oracles, des joyeuses victimes et des mères admirables. Crois-tu que je te taquinerais comme je te taquine, si je n'avais pas les nerfs à cran, et crois-tu que tu aurais des crises de larmes et crois-tu qu'ils se saouleraient et qu'ils danseraient là-bas! Ils dormiraient sur les deux oreilles,* et nous attendrions notre ami fantôme en jouant aux dés.

LE JEUNE SOLDAT.　Dis donc…

LE SOLDAT.　Eh bien?…

LE JEUNE SOLDAT.　Comment crois-tu qu'il est… le Sphinx?

LE SOLDAT.　Laisse donc le Sphinx tranquille. Si je savais comment il est, je ne serais pas avec toi, de garde, cette nuit.

LE JEUNE SOLDAT.　Il y en a qui prétendent qu'il n'est pas plus gros qu'un lièvre, et qu'il est craintif, et qu'il a une toute petite tête de femme. Moi, je crois qu'il a une tête et une poitrine de femme et qu'il couche avec les jeunes gens.

LE SOLDAT.　Allons! Allons! Tiens-toi tranquille, et n'y pense plus.

LE JEUNE SOLDAT.　Peut-être qu'il ne demande rien, qu'il ne vous touche même pas. On le rencontre, on le regarde et on meurt d'amour.

LE SOLDAT.　Il te manquait de tomber amoureux du fléau public. Du reste, le fléau public… entre nous, veux-tu savoir ce que j'en pense du fléau public?… C'est un vampire! Un simple vampire! Un bonhomme qui se cache et sur lequel la police n'arrive pas à mettre la main.

LE JEUNE SOLDAT.　Un vampire à tête de femme?

LE SOLDAT.　Oh! celui-là!… Non! Non! Non! Un vieux vampire, un vrai! Avec une barbe et des moustaches, et un ventre, et il vous suce le sang, et c'est pourquoi on rapporte aux familles des machabées* avec tous la même blessure, au même endroit: au cou! Et maintenant, vas-y voir si ça te chante.

LE JEUNE SOLDAT.　Tu dis que…

Le Soldat. Je dis que... Je dis que... Hop!... Le Chef.

Ils se lèvent et se mettent au garde à vous. Le Chef entre et croise les bras.

Le Chef. Repos!... Alors... mes lascars... C'est ici qu'on voit des fantômes?

Le Soldat. Chef...

Le Chef. Taisez-vous! Vous parlerez quand je vous interrogerai. Lequel de vous deux a osé...

Le Jeune Soldat. C'est moi, Chef.

Le Chef. Nom de nom! A qui la parole? Allez-vous vous taire? Je demande: lequel de vous deux a osé faire parvenir en haut lieu un rapport touchant le service, sans passer par la voie hiérarchique? En sautant par-dessus ma tête. Répondez.

Le Soldat. Chef, ce n'est pas sa faute, il savait...

Le Chef. Est-ce toi ou lui?

Le Jeune Soldat. C'est nous deux, mais c'est moi qui ai...

Le Chef. Silence! Je demande comment le Grand Prêtre a eu connaissance de ce qui se passe la nuit à ce poste, alors que je n'en ai pas eu connaissance, moi!

Le Jeune Soldat. C'est ma faute, Chef, c'est ma faute. Mon collègue ne voulait rien dire. Moi, j'ai cru qu'il fallait parler et comme cette histoire ne concernait pas le service... enfin quoi... j'ai tout raconté à son oncle; parce que la femme de son oncle est la sœur d'une lingère de la Reine, et que le beau-frère est au temple de Tirésias.

Le Soldat. C'est pourquoi j'ai dit, Chef, que c'était ma faute.

Le Chef. Assez! Ne me cassez pas les oreilles.*
Donc... cette histoire ne concerne pas le service. Très bien,
très bien! Et... cette fameuse histoire, qui ne concerne pas
le service, est une histoire de revenants,* il paraît?

Le Jeune Soldat. Oui, Chef!

Le Chef. Un revenant vous est apparu pendant une nuit
de garde, et ce revenant vous a dit... Au fait, que vous
a-t-il dit, ce revenant?

Le Jeune Soldat. Il nous a dit, Chef, qu'il était le
spectre* du roi Laïus, qu'il avait déjà essayé plusieurs fois
d'apparaître depuis son meurtre, et qu'il nous suppliait de
prévenir, en vitesse, par n'importe quel moyen, la reine
Jocaste et Tirésias.

Le Chef. En vitesse! Voyez-vous cela! Quel aimable
fantôme!* Et... ne lui avez-vous pas demandé, par
exemple, ce qui vous valait l'honneur de sa visite et pourquoi il n'apparaissait pas directement chez la Reine ou chez
Tirésias?

Le Soldat. Si Chef, je le lui ai demandé, moi. Il nous
a répondu qu'il n'était pas libre de se manifester n'importe
où, et que les remparts étaient l'endroit le plus favorable aux
apparitions des personnes mortes de mort violente, à cause
des égouts.

Le Chef. Des égouts?

Le Soldat. Oui Chef. Il a dit des égouts, rapport aux
vapeurs* qui ne se forment que là.

Le Chef. Peste! Voilà un spectre des plus savants* et
qui ne cache pas sa science. Vous a-t-il effrayé beaucoup
au moins? Et à quoi ressemblait-il? Quelle tête avait-il?
Quel costume portait-il? Où se tenait-il, et quelle langue

parlait-il? Ses visites sont-elles longues ou courtes? L'avez-vous vu à plusieurs reprises? Bien que cette histoire ne concerne pas le service, je serais curieux, je l'avoue, d'apprendre de votre bouche, quelques détails sur les mœurs des revenants.

LE JEUNE SOLDAT. On a eu peur, la première nuit, chef, je l'avoue. Il faut vous dire qu'il est apparu très vite, comme une lampe qui s'allume, là, dans l'épaisseur de la muraille.

LE SOLDAT. Nous l'avons vu ensemble.

LE JEUNE SOLDAT. On distinguait mal la figure et le corps; on voyait surtout la bouche quand elle était ouverte, et une touffe de barbe blanche, et une grosse tache rouge, rouge vif, près de l'oreille droite. Il s'exprimait difficilement, et il n'arrivait pas à mettre les phrases au bout les unes des autres. Mais là, Chef, interrogez voir mon collègue.* C'est lui qui m'a expliqué pourquoi le pauvre homme n'arrivait pas à s'en sortir.

LE SOLDAT. Oh! Chef, ce n'est pas sorcier! Il dépensait toute sa force pour apparaître, c'est-à-dire pour quitter sa nouvelle forme et reprendre sa vieille forme, qui nous permette de le voir.* La preuve, c'est que chaque fois qu'il parlait un peu moins mal, il disparaissait, il devenait transparent, et on voyait le mur à travers.

LE JEUNE SOLDAT. Et dès qu'il parlait mal, on le voyait très bien. Mais on le voyait mal dès qu'il parlait bien et qu'il recommençait la même chose: «La reine Jocaste. Il faut... il faut... la reine... la reine...* la reine Jocaste... Il faut prévenir la reine... Il faut prévenir la reine Jocaste... Je vous demande, Messieurs, je vous demande, je... je... Messieurs... je vous... il faut... il faut... je vous demande Messieurs de prévenir... je vous demande... La reine... la reine Jocaste... de prévenir la reine Jocaste... de prévenir, Messieurs, de prévenir... Messieurs... Messieurs...» C'est comme ça qu'il faisait.

LE SOLDAT.   Et on voyait qu'il avait peur de disparaître sans avoir dit toutes ses paroles jusqu'à la fin.

LE JEUNE SOLDAT.   Et dis voir,* écoute un peu, tu te rappelles: chaque fois le même truc: la tache rouge part la dernière.   On dirait un fanal sur le mur, Chef.

LE SOLDAT.   Tout ce qu'on raconte, c'est l'affaire d'une minute!

LE JEUNE SOLDAT.   Il est apparu à la même place, cinq fois, toutes les nuits un peu avant l'aurore.

LE SOLDAT.   C'est seulement, la nuit dernière, après une séance pas comme les autres...* enfin, bref, on s'est un peu battus, et mon collègue a décidé de tout dire à la maison.

LE CHEF.   Tiens! Tiens! Et en quoi consistait cette séance «pas comme les autres», qui a, si je ne me trompe, provoqué entre vous, une dispute...

LE SOLDAT.   Eh bien, Chef...   Vous savez, la garde, c'est pas très folichon.

LE JEUNE SOLDAT.   Alors le fantôme, on l'attendait plutôt.

LE SOLDAT.   On pariait, on se disait:

LE JEUNE SOLDAT.   Viendra.

LE SOLDAT.   Viendra pas...*

LE JEUNE SOLDAT.   Viendra...

LE SOLDAT.   Viendra pas... et tenez, c'est drôle à dire, mais ça soulageait de le voir.

Le Jeune Soldat. C'était comme qui dirait une habitude.*

Le Soldat. On finissait par imaginer qu'on le voyait quand on ne le voyait pas. On se disait: Ça bouge! Le mur s'allume. Tu ne vois rien? Non. Mais si. Là, là, je te dis... Le mur n'est pas pareil, voyons, regarde, regarde!

Le Jeune Soldat. Et on regardait, on se crevait les yeux,* on n'osait plus bouger.

Le Soldat. On guettait la moindre petite différence.

Le Jeune Soldat. Enfin, quand ça y était,* on respirait, et on n'avait plus peur du tout.

Le Soldat. L'autre nuit, on guettait, on guettait, on se crevait les yeux, et on croyait qu'il ne se montrerait pas, lorsqu'il arrive, en douce...* pas du tout vite comme les premières nuits, et une fois visible, il change ses phrases, et il nous raconte tant bien que mal qu'il est arrivé une chose atroce, une chose de la mort, une chose qu'il ne peut pas expliquer aux vivants. Il parlait d'endroits où il peut aller, et d'endroits où il ne peut pas aller, et qu'il s'était rendu où il ne devait pas se rendre, et qu'il savait un secret qu'il ne devait pas savoir, et qu'on allait le découvrir et le punir, et qu'ensuite, on lui défendrait d'apparaître, qu'il ne pourrait plus jamais apparaître. (*Voix solennelle.*) «Je mourrai ma dernière mort,»* qu'il disait, «et ce sera fini, fini. Vous voyez, Messieurs, il n'y a plus une minute à perdre. Courez! Prévenez la reine! Cherchez Tirésias! Messieurs! Messieurs! ayez pitié!...» Et il suppliait, et le jour se levait. Et il restait là.

Le Jeune Soldat. Brusquement, on a cru qu'il allait devenir fou.

LE SOLDAT.   A travers des phrases sans suite, on comprend qu'il a quitté son poste,* quoi... qu'il ne sait plus
disparaître, qu'il est perdu.   On le voyait bien faire les
mêmes cérémonies pour devenir invisible que pour rester
visible, et il n'y arrivait pas.   Alors, voilà qu'il nous demande de l'insulter, parce qu'il a dit comme ça que d'insulter les revenants c'était le moyen de les faire partir.   Le
plus bête, c'est qu'on n'osait pas.   Plus il répétait: « Allez!
Allez! jeunes gens, insultez-moi!   Criez, ne vous gênez
pas...   Allez donc!», plus on prenait l'air gourde.*

Le Jeune Soldat.   Moins on trouvait quoi dire!...

LE SOLDAT.   Ça, par exemple!   Et pourtant, c'est pas
faute de gueuler après les chefs.*

LE CHEF.   Trop aimables, Messieurs!   Trop aimables.
Merci pour les chefs...

LE SOLDAT.   Oh!   Chef!   Ce n'est pas ce que j'ai voulu
dire...   J'ai voulu dire...   J'ai voulu parler des princes, des
têtes couronnées, des ministres, du gouvernement quoi...
du pouvoir!   On avait même souvent causé de choses
injustes...   Mais le roi était un si brave fantôme, le pauvre
roi Laïus, que les gros mots ne nous sortaient pas de la
gorge.   Et il nous excitait lui, et nous, on bafouillait: Va
donc eh!   Va donc, espèce de vieille vache!   Enfin, on lui
jetait des fleurs.

Le Jeune Soldat.   Parce qu'il faut vous expliquer, Chef:
Vieille vache est un petit nom d'amitié entre soldats.

LE CHEF.   Il vaut mieux être prévenu.

LE SOLDAT.   Va donc!   Va donc eh!...   Tête de...*
Espèce de...   Pauvre fantôme!   Il restait suspendu entre la
vie et la mort, et il crevait de peur à cause des coqs et du

soleil.   Quand tout à coup, on a vu le mur redevenir le
mur, la tache rouge s'éteindre.   On était crevés de fatigue.

Le Jeune Soldat.   C'est après cette nuit-là que j'ai
décidé de parler à son oncle, puisqu'il refusait de parler
lui-même.

Le Chef.   Il ne m'a pas l'air très exact,* votre fantôme.

Le Soldat.   Oh! Chef, vous savez, il ne se montrera
peut-être plus.

Le Chef.   Je le gêne.

Le Soldat.   Non, Chef.   Mais après l'histoire d'hier...

Le Chef.   Il est très poli votre fantôme d'après tout ce que
vous me racontez.   Il apparaîtra je suis tranquille.   D'abord
la politesse des rois, c'est l'exactitude et la politesse des
fantômes consiste à prendre forme humaine, d'après votre
ingénieuse théorie.

Le Soldat.   C'est possible, Chef, mais c'est aussi possible
que chez les fantômes, il n'y ait plus de rois, et qu'on puisse
confondre un siècle avec une minute.*   Alors si le fantôme
apparaît dans mille ans au lieu d'apparaître ce soir...

Le Chef.   Vous m'avez l'air d'une forte tête, mon garçon; et la patience a des bornes.   Donc, je vous dis que ce
fantôme apparaîtra.   Je vous dis que ma présence le dérange,
et je vous dis que personne d'étranger au service ne doit
passer sur le chemin de ronde.

Le Soldat.   Oui, Chef.

Le Chef.   *Il éclate.*   Donc, fantôme, ou pas fantôme, je
vous ordonne d'empêcher de passer le premier individu qui
se présente ici, sans avoir le mot de passe, c'est compris?

Le Soldat.   Oui, Chef!

LE CHEF.   Et n'oubliez pas votre ronde.   Rompez!

> *Les deux soldats s'immobilisent au port d'armes.**

LE CHEF, *fausse sortie.*   N'essayez pas de faire le malin!
Je vous ai à l'œil!*

> *Il disparaît.*   (*Long silence.*)

LE SOLDAT.   Autant!*

LE JEUNE SOLDAT.   Il a cru qu'on se payait sa gueule.

LE SOLDAT.   Non ma vieille!*   Il a cru qu'on se payait
la nôtre.

LE JEUNE SOLDAT.   La nôtre?

LE SOLDAT.   Oui, ma vieille.   Je sais beaucoup de choses
par mon oncle, moi.   La reine, elle est gentille, mais au
fond, on ne l'aime pas; on la trouve un peu... (*Il se cogne la
tête.*)   On dit qu'elle est excentrique et qu'elle a un accent
étranger,* et qu'elle est sous l'influence de Tirésias.   Ce
Tirésias conseille à la reine tout ce qui peut lui causer du
tort.   Faites ci... faites ça...   Elle lui raconte ses rêves, elle
lui demande s'il faut se lever du pied droit ou du pied
gauche; et il la mène par le bout du nez et il lèche les bottes
du frère, et il complote avec* contre la sœur.   Tout ça,
c'est du sale monde.*   Je parierais que le Chef a cru que
le fantôme était de la même eau que le Sphinx.*   Un truc
des prêtres pour attirer Jocaste et lui faire croire ce qu'on
veut lui faire croire.

LE JEUNE SOLDAT.   Non?

LE SOLDAT.   Ça t'épate.   Eh bien c'est comme ça...
(*Voix très basse.*)   Et moi, j'y crois au fantôme, moi qui te
parle, mais c'est justement parce que j'y crois et qu'ils n'y
croient pas, *eux*, que je te conseille de te tenir tranquille.
Tu as déjà réussi du beau travail.   Pige-moi ce rapport:

«A fait preuve d'une intelligence très au-dessus de son grade»...

LE JEUNE SOLDAT. N'empêche que si notre roi...

LE SOLDAT. Notre roi!... Notre roi!... Minute!... Un roi mort n'est pas un roi en vie. La preuve: Si le roi Laïus était vivant, hein! entre nous, il se débrouillerait tout seul et il ne viendrait pas te chercher pour faire ses commissions en ville.

Ils s'éloignent, à gauche, par le chemin de ronde.

LA VOIX DE JOCASTE, *en bas des escaliers. Elle a un accent très fort: cet accent international des royalties.* Encore un escalier! Je déteste les escaliers!* Pourquoi tous ces escaliers? On n'y voit rien! Où sommes-nous?

LA VOIX DE TIRÉSIAS. Mais Madame, vous savez ce que je pense de cette escapade, et que ce n'est pas moi...

LA VOIX DE JOCASTE. Taisez-vous Zizi. Vous n'ouvrez la bouche que pour dire des sottises. Voilà bien le moment de faire la morale.

LA VOIX DE TIRÉSIAS. Il fallait prendre un autre guide. Je suis presqu'aveugle.*

LA VOIX DE JOCASTE. A quoi sert d'être devin, je demande! Vous ne savez même pas où se trouvent les escaliers. Je vais me casser une jambe! Ce sera votre faute Zizi, votre faute, comme toujours.

TIRÉSIAS. Mes yeux de chair s'éteignent au bénéfice d'un œil intérieur, d'un œil qui rend d'autres services que de compter les marches des escaliers!

JOCASTE. Le voilà vexé avec son œil! Là! là! On vous aime Zizi; mais les escaliers me rendent folle. Il fallait venir Zizi, il le fallait!

TIRÉSIAS. Madame…

JOCASTE. Ne soyez pas têtu. Je ne me doutais pas qu'il y avait ces maudites marches. Je vais monter à reculons. Vous me retiendrez. N'ayez pas peur. C'est moi qui vous dirige. Mais si je regardais les marches, je tomberais. Prenez-moi les mains. En route!

Ils apparaissent.

Là… là… là… quatre, cinq, six, sept…

Jocaste arrive sur la plate-forme et se dirige vers la gauche. Tirésias marche sur le bout de son écharpe. Elle pousse un cri.

TIRÉSIAS. Qu'avez-vous?

JOCASTE. C'est votre pied Zizi! Vous marchez sur mon écharpe.

TIRÉSIAS. Pardonnez-moi…

JOCASTE. Encore, il se vexe! Mais ce n'est pas contre toi que j'en ai… C'est contre cette écharpe! Je suis entourée d'objets qui me détestent!* Tout le jour cette écharpe m'étrangle. Une fois, elle s'accroche aux branches, une autre fois, c'est le moyeu d'un char où elle s'enroule, une autre fois tu marches dessus. C'est un fait exprès. Et je la crains, je n'ose pas m'en séparer. C'est affreux! C'est affreux! Elle me tuera.

TIRÉSIAS. Voyez dans quel état sont vos nerfs.

JOCASTE. Et à quoi sert ton troisième œil, je demande? As-tu trouvé le Sphinx? As-tu trouvé les assassins de Laïus? As-tu calmé le peuple? On met des gardes à ma porte et on me laisse avec des objets qui me détestent, qui veulent ma mort!

TIRÉSIAS. Sur un simple racontar…

JOCASTE. Je sens les choses. Je sens les choses mieux

que vous tous! (*Elle montre son ventre.*) Je les sens là!
A-t-on fait tout ce qu'on a pu pour découvrir les assassins
de Laïus?

Tirésias. Madame sait bien que le Sphinx rendait les
recherches impossibles.

Jocaste. Eh bien, moi, je me moque de vos entrailles
de poulets...* Je sens, là... que Laïus souffre et qu'il veut
se plaindre. J'ai décidé de tirer cette histoire au clair, et
d'entendre moi-même ce jeune garde; et je l'en-ten-drai.
Je suis votre reine, Tirésias, ne l'oubliez pas.

Tirésias. Ma petite brebis,* il faut comprendre un
pauvre aveugle qui t'adore, qui veille sur toi et qui voudrait
que tu dormes dans ta chambre au lieu de courir après une
ombre, une nuit d'orage, sur les remparts.

Jocaste, *mystérieuse.* Je ne dors pas.

Tirésias. Vous ne dormez pas?

Jocaste. Non Zizi, je ne dors pas. Le Sphinx, le-
meurtre de Laïus, m'ont mis les nerfs à bout.* Tu avais
raison de me le dire. Je ne dors plus et c'est mieux, car, si
je m'endors une minute, je fais un rêve, un seul et je reste
malade toute la journée.

Tirésias. N'est-ce pas mon métier de déchiffrer les
rêves?...

Jocaste. L'endroit du rêve ressemble un peu à cette
plate-forme; alors je te le raconte. Je suis debout, la nuit;
je berce une espèce de nourrisson. Tout à coup, ce nourrisson devient une pâte gluante* qui me coule entre les
doigts. Je pousse un hurlement et j'essaie de lancer cette
pâte; mais... oh! Zizi... Si tu savais, c'est immonde...
Cette chose, cette pâte reste reliée à moi et quand je me

crois libre, la pâte revient à toute vitesse et gifle ma figure.
Et cette pâte est vivante. Elle a une espèce de bouche qui
se colle sur ma bouche. Et se glisse partout: elle cherche
mon ventre, mes cuisses. Quelle horreur!

Tirésias. Calmez-vous.

Jocaste. Je ne veux plus dormir Zizi... Je ne veux
plus dormir. Ecoute la musique. Où est-ce? Ils ne
dorment pas non plus. Ils ont de la chance avec cette
musique. Ils ont peur, Zizi... ils ont raison. Ils doivent
rêver des choses épouvantables et ils ne veulent pas dormir.
Et au fait, pourquoi cette musique? Pourquoi permet-on
cette musique? Est-ce que j'ai de la musique pour m'empêcher de dormir? Je ne savais pas que ces boîtes restaient
ouvertes toute la nuit. Pourquoi ce scandale, Zizi? Il faut
que Créon donne des ordres! Il faut empêcher cette musique! Il faut que ce scandale cesse immédiatement.

Tirésias. Madame, je vous conjure de vous calmer et
de vous en retourner. Ce manque de sommeil vous met
hors de vous. Nous avons autorisé les musiques* afin que
le peuple ne se démoralise pas, pour soutenir le moral.* Il
y aurait des crimes... et pire, si on ne dansait pas dans le
quartier populaire.

Jocaste. Est-ce que je danse, moi?

Tirésias. Ce n'est pas pareil. Vous portez le deuil de Laïus.

Jocaste. Et tous sont en deuil, Zizi. Tous! Tous!
Tous! et ils dansent, et je ne danse pas. C'est trop injuste...
Je veux...

Tirésias. On vient, Madame.

Jocaste. Ecoute, Zizi, je tremble, je suis sortie avec tous
mes bijoux.

TIRÉSIAS. N'ayez crainte. Sur le chemin de ronde, on ne rencontre pas de rôdeurs. C'est certainement une patrouille.

JOCASTE. Peut-être le soldat que je cherche?

TIRÉSIAS. Ne bougez pas. Nous allons le savoir.

> *Les soldats entrent. Ils aperçoivent Jocaste et Tirésias.*

LE JEUNE SOLDAT. Bouge pas,* on dirait du monde.

LE SOLDAT. D'où sortent-ils? (*Haut.*) Qui va là?

TIRÉSIAS, *à la reine*. Nous allons avoir des ennuis... (*Haut.*) Ecoutez, mes braves...

LE JEUNE SOLDAT. Avez-vous le mot?*

TIRÉSIAS. Vous voyez, Madame, qu'il fallait prendre le mot. Vous nous entraînez dans une histoire impossible.

JOCASTE. Le mot? Pourquoi le mot? Quel mot? Vous êtes ridicule Zizi. Je vais lui parler, moi.

TIRÉSIAS. Madame, je vous conjure. Il y a une consigne. Ces gardes peuvent ne pas vous connaître et ne pas me croire. C'est très dangereux.

JOCASTE. Que vous êtes romanesque! Vous voyez des drames partout.

LE SOLDAT. Ils se concertent. Ils veulent peut-être nous sauter dessus.*

TIRÉSIAS, *aux soldats*. Vous n'avez rien à craindre. Je suis vieux et presqu'aveugle. Laissez-moi vous expliquer ma présence sur ces remparts, et la présence de la personne qui m'accompagne.

LE SOLDAT. Pas de discours. Nous voulons le mot.

Tirésias. Une minute. Une minute. Ecoutez mes braves. Avez-vous déjà vu des pièces d'or?

Le Soldat. Tentative de corruption.

Il s'éloigne vers la gauche pour garder le chemin de ronde et laisse le Jeune Soldat en face de Tirésias.

Tirésias. Vous vous trompez. Je voulais dire: avez-vous déjà vu le portrait de la reine sur une pièce d'or?

Le Jeune Soldat. Oui!

Tirésias, *s'effaçant et montrant la reine, qui compte les étoiles, de profil.* Et... vous ne reconnaissez pas...

Le Jeune Soldat. Je ne vois pas le rapport que vous cherchez à établir entre la reine qui est toute jeune, et cette matrone.

La Reine. Que dit-il?

Tirésias. Il dit qu'il trouve Madame bien jeune pour être la reine...

La Reine. Il est amusant!

Tirésias, *au soldat.* Cherchez-moi votre chef.

Le Soldat. Inutile. J'ai des ordres. Filez, et vite.

Tirésias. Vous aurez de mes nouvelles!*

La Reine. Zizi, quoi encore? Que dit-il?

Entre le Chef.

Le Chef. Qu'est-ce que c'est?

Le Jeune Soldat. Chef! Voilà deux individus qui circulent sans le mot de passe.

Le Chef, *s'avançant vers Tirésias.* Qui êtes-vous? (*Brusquement il le reconnaît.*) Monseigneur! (*Il s'incline.*) Que d'excuses.

Tirésias. Ouf! Merci Capitaine. J'ai cru que ce jeune brave allait nous passer par les armes.*

Le Chef. Monseigneur! Me pardonnerez-vous? (*Au Jeune Soldat.*) Imbécile! Laisse-nous.

    Le Jeune Soldat rejoint son camarade à l'extrême gauche.

Le Soldat, *au Jeune Soldat.* C'est la gaffe!*

Tirésias. Ne le grondez pas. Il observait sa consigne...

Le Chef. Une pareille visite... En ce lieu! Que puis-je faire pour Votre Seigneurie?

Tirésias, *découvrant Jocaste.* Sa Majesté!...
                            Haut-le-corps du Chef.

Le Chef. *Il s'incline à distance respectueuse.* Madame!...

Jocaste. Pas de protocole! Je voudrais savoir quel est le garde qui a vu le fantôme?

Le Chef. C'est le jeune maladroit qui se permettait de rudoyer le seigneur Tirésias, et si Madame...

Jocaste. Voilà, Zizi. C'est de la chance! J'ai eu raison de venir... (*Au Chef.*) Dites-lui qu'il approche.

Le Chef, *à Tirésias.* Monseigneur. Je ne sais pas si la reine se rend bien compte que ce jeune soldat s'expliquerait mieux par l'entremise de son chef, et que s'il parle seul Sa Majesté risque...

Jocaste. Quoi encore, Zizi?

Tirésias. Le Chef me faisait remarquer, Madame, qu'il a l'habitude de ses hommes et qu'il pourrait en quelque sorte servir d'interprète.

Jocaste. Otez le Chef! Est-ce que le garçon a une langue ou non? Qu'il approche.

Tirésias, *au Chef, bas.* N'insistez pas, la reine est très nerveuse…

Le Chef. Bon… (*Il va vers les soldats; au Jeune Soldat.*) La reine veut te parler. Et surveille ta langue. Je te revaudrai ça, mon gaillard.

Jocaste. Approchez!
                                   Le Chef pousse le Jeune Soldat.

Le Chef. Allons va! Va donc, nigaud, avance, on ne te mangera pas. Excusez-le Majesté. Nos lascars n'ont guère l'habitude des cours.

Jocaste, *à Tirésias.* Priez cet homme de nous laisser seuls avec le soldat.

Tirésias. Mais, Madame…

Jocaste. Il n'y a pas de mais Madame… Si ce capitaine reste une minute de plus, je lui donne un coup de pied.

Tirésias. Ecoutez Chef.
                                   Il le tire un peu à l'écart.

La reine veut rester seule avec le garde qui a vu la chose. Elle a des caprices. Elle vous noterait mal, et je n'y pourrais rien.

Le Chef. C'est bon. Je vous laisse… Moi, si je restais c'est que… enfin… Je n'ai pas de conseils à vous donner, Monseigneur… Mais de vous à moi,* méfiez-vous de cette histoire de fantôme. (*Il s'incline.*) Monseigneur… (*Long salut vers la reine. Il passe près du Soldat.*) Hop! La reine veut rester seule avec ton collègue.

Jocaste. Qui est l'autre? A-t-il vu le fantôme?

Le Jeune Soldat. Oui, Majesté, nous étions de garde tous les deux.

JOCASTE. Alors, qu'il reste. Qu'il reste là! Je l'appellerai si j'ai besoin de lui. Bonsoir Capitaine, vous êtes libre.

LE CHEF, *au Soldat.* Nous en reparlerons!

Il sort.

TIRÉSIAS, *à la reine.* Vous avez blessé ce capitaine à mort.

JOCASTE. C'est bien son tour. D'habitude, les hommes sont blessés à mort et jamais les chefs. (*Au Jeune Soldat.*) Quel âge as-tu?

LE JEUNE SOLDAT. Dix-neuf ans.

JOCASTE. Juste son âge !* Il aurait son âge... Il est beau! Avance un peu. Regarde-moi Zizi, quels muscles! J'adore les genoux. C'est aux genoux qu'on voit la race. Il lui ressemblerait... Il est beau. Zizi, tâte ces biceps, on dirait du fer...

TIRÉSIAS. Hélas! Madame, vous le savez... je n'ai aucune compétence. J'y vois fort mal...

JOCASTE. Alors tâte... Tâte-le. Il a une cuisse de cheval! Il se recule! N'aie pas peur... le papa est aveugle. Dieu sait ce qu'il imagine, le pauvre; il est tout rouge! Il est adorable! Il a dix-neuf ans!

LE JEUNE SOLDAT. Oui Majesté.

JOCASTE, *l'imitant.* Oui Majesté! N'est-il pas exquis? Ah! misère!* Il ne sait peut-être même pas qu'il est beau. (*Comme on parle à un enfant.*) Alors... tu as vu le fantôme?

LE JEUNE SOLDAT. Oui Majesté!

JOCASTE. Le fantôme du roi Laïus?

LE JEUNE SOLDAT. Oui, Majesté. Le roi nous a dit qu'il était le roi.

Jocaste.   Zizi... avec vos poulets et vos étoiles, que savez-vous? Ecoute le petit...   Et que disait le roi?

Tirésias, *entraînant la reine.* Madame! Méfiez-vous, cette jeunesse a la tête chaude, elle est crédule... arriviste... Méfiez-vous. Etes-vous sûre que ce garçon ait vu ce fantôme, et, en admettant qu'il l'ait vu, était-ce bien le fantôme de votre époux?

Jocaste.   Dieux! Que vous êtes insupportable. Insupportable et trouble-fête.   Toujours, vous arrêtez l'élan, vous empêchez les miracles avec votre intelligence et votre incrédulité.*   Laissez-moi interroger ce garçon toute seule, je vous prie.   Vous prêcherez après. (*Au Jeune Soldat.*) Ecoute...

Le Jeune Soldat.   Majesté!...

Jocaste *à Tirésias.*   Je vais bien savoir tout de suite, s'il a vu Laïus. (*Au Jeune Soldat.*)   Comment parlait-il?

Le Jeune Soldat.   Il parlait vite et beaucoup, Majesté, beaucoup, et il s'embrouillait, et il n'arrivait pas à dire ce qu'il voulait dire.

Jocaste.   C'est lui!   Pauvre cher!   Mais pourquoi sur ces remparts?   Cela empeste...

Le Jeune Soldat.   C'est justement, Majesté... Le fantôme disait que c'est à cause des marécages et des vapeurs qu'il pouvait apparaître.

Jocaste.   Que c'est intéressant! Tirésias, jamais vous n'apprendrez cela dans vos volailles.   Et que disait-il?

Tirésias.   Madame, madame, au moins faudrait-il interroger avec ordre.   Vous allez faire perdre la tête à ce gamin.

Jocaste.   C'est juste, Zizi, très juste. (*Au Jeune Soldat.*) Comment était-il?   Comment le voyiez-vous?

LE JEUNE SOLDAT. Dans le mur, Majesté. C'est comme qui dirait une espèce de statue transparente. On voit surtout la barbe et le trou noir de la bouche qui parle, et une tache rouge, sur la tempe, une tache rouge vif.

JOCASTE. C'est du sang!

LE JEUNE SOLDAT. Tiens! On n'y avait pas pensé.

JOCASTE. C'est une blessure! C'est épouvantable! (*Laïus apparaît.*) Et que disait-il? Avez-vous compris quelque chose?

LE JEUNE SOLDAT. C'était difficile, Majesté. Mon camarade a remarqué qu'il se donnait beaucoup de mal pour apparaître, et que chaque fois qu'il se donnait du mal pour s'exprimer clairement, il disparaissait;* alors il ne savait plus comment s'y prendre.

JOCASTE. Le pauvre!

LE FANTÔME. Jocaste! Jocaste! Ma femme Jocaste!

Ils ne le voient, ni ne l'entendent pendant toute la scène.

TIRÉSIAS, *s'adressant au Soldat.* Et vous n'avez rien pu saisir de clair?

LE FANTÔME. Jocaste!

LE SOLDAT. C'est-à-dire, si, Monseigneur. On comprenait qu'il voulait vous prévenir d'un danger, vous mettre en garde, la Reine et vous, mais c'est tout. La dernière fois, il a expliqué qu'il avait su des secrets qu'il ne devait pas savoir, et que si on le découvrait, il ne pourrait plus apparaître.

LE FANTÔME. Jocaste! Tirésias! Ne me voyez-vous pas? Ne m'entendez-vous pas?

JOCASTE. Et il ne disait rien d'autre. Il ne précisait rien?

LE SOLDAT. Dame! Majesté, il ne voulait peut-être pas préciser en notre présence. Il vous réclamait. C'est pourquoi mon camarade a essayé de vous prévenir.

JOCASTE. Les braves garçons! Et je suis venue. Je le savais bien. Je le sentais là! Tu vois, Zizi, avec tes doutes. Et dites, petit soldat, où le spectre apparaissait-il? Je veux toucher la place exacte.

LE FANTÔME. Regarde-moi! Ecoute-moi, Jocaste! Gardes, vous m'avez toujours vu. Pourquoi ne pas me voir? C'est un supplice. Jocaste! Jocaste!

Pendant ces répliques, le Soldat s'est rendu à l'endroit où le fantôme se manifeste. Il le touche de la main.

LE SOLDAT. C'est là. (*Il frappe le mur.*) Là, dans le mur.

LE JEUNE SOLDAT. Ou devant le mur; on ne peut pas se rendre bien compte.

JOCASTE. Mais pourquoi n'apparaît-il pas cette nuit? Croyez-vous qu'il puisse encore apparaître?

LE FANTÔME. Jocaste! Jocaste! Jocaste!

LE SOLDAT. Hélas, Madame, je ne crois pas, après la scène d'hier. J'ai peur qu'il y ait eu du grabuge, et que Votre Majesté arrive trop tard.

JOCASTE. Quel malheur! Toujours trop tard. Zizi, je suis toujours informée la dernière dans le royaume. Que de temps perdu avec vos poulets et vos oracles! Il fallait courir. Il fallait deviner. Nous ne saurons rien! rien! rien! Et il y aura des cataclysmes, des cataclysmes épouvantables. Et ce sera votre faute, Zizi, votre faute, comme toujours.

TIRÉSIAS. Madame, la reine parle devant ces hommes...

JOCASTE.   Oui, je parle devant ces hommes! Je vais me
gêner peut-être?   Et le roi Laïus, le roi Laïus mort, a parlé
devant ces hommes.   Il ne vous a pas parlé à vous Zizi, ni
à Créon.   Il n'a pas été se montrer au temple.   Il s'est
montré sur le chemin de ronde, à ces hommes, à ce garçon
de dix-neuf ans qui est beau et qui ressemble...

TIRÉSIAS.   Je vous conjure...

JOCASTE.   C'est vrai, je suis nerveuse, il faut comprendre.
Ces dangers, ce spectre, cette musique, cette odeur de pour-
riture...   Et il y a de l'orage.   Mon épaule me fait mal.
J'étouffe, Zizi, j'étouffe!

LE FANTÔME.   Jocaste!   Jocaste!

JOCASTE.   Il me semble entendre mon nom. Vous
n'avez rien entendu?

TIRÉSIAS.   Ma petite biche.   Vous n'en pouvez plus.
Le jour se lève.   Vous rêvez debout.   Savez-vous seulement si cette histoire de fantôme ne résulte pas de la fatigue
de ces jeunes gens qui veillent, qui se forcent à ne pas dormir,
qui vivent dans cette atmosphère marécageuse, déprimante?

LE FANTÔME.   Jocaste!   Par pitié, écoute-moi!   Regarde-moi!   Messieurs, vous êtes bons.   Retenez la reine.
Tirésias!   Tirésias!

TIRÉSIAS, *au Jeune Soldat.*   Eloignez-vous une seconde, je
voudrais parler à la reine.

Le Jeune Soldat rejoint son camarade.

LE SOLDAT.   Eh bien, mon fils!   Alors ça y est!   C'est
le béguin.*   La reine te pelote.

LE JEUNE SOLDAT.   Dis donc!...

LE SOLDAT.   Ta fortune est faite.   N'oublie pas les
camarades.

Tirésias.　…Ecoutez! Des coqs. Le fantôme ne viendra plus. Rentrons.

Jocaste.　Tu as vu comme il est beau.

Tirésias.　Ne réveille pas ces tristesses, ma colombe. Si tu avais un fils…

Jocaste.　Si j'avais un fils, il serait beau, il serait brave, il devinerait l'énigme, il tuerait le Sphinx. Il reviendrait vainqueur.

Tirésias.　Et vous n'auriez pas de mari.

Jocaste.　Les petits garçons disent tous: «Je veux devenir un homme pour me marier avec maman.»* Ce n'est pas si bête, Tirésias. Est-il plus doux ménage, ménage plus doux et plus cruel, ménage plus fier de soi, que ce couple d'un fils et d'une mère jeune? Ecoute, Zizi, tout à l'heure, lorsque j'ai touché le corps de ce garde, les Dieux savent ce qu'il a dû croire, le pauvret, et moi, j'ai failli m'évanouir. Il aurait dix-neuf ans, Tirésias, dix-neuf ans! L'âge de ce soldat. Savons-nous si Laïus ne lui est pas apparu parce qu'il lui ressemble.

Coqs.

Le Fantôme.　Jocaste! Jocaste! Jocaste! Tirésias! Jocaste!

Tirésias, *aux soldats.*　Mes amis, pensez-vous qu'il soit utile d'attendre encore?

Le Fantôme.　Par pitié!

Le Soldat.　Franchement non, Monseigneur. Les coqs chantent. Il n'apparaîtra plus.

Le Fantôme.　Messieurs! De grâce! Suis-je invisible? Ne pouvez-vous m'entendre?

JOCASTE. Allons! je serai obéissante. Mais je reste heureuse d'avoir interrogé le garçon. Il faut que tu saches comment il s'appelle, où il habite. (*Elle se dirige vers l'escalier.*) J'oubliais cet escalier! Zizi... Cette musique me rend malade. Ecoute, nous allons revenir par la haute ville, par les petites rues, et nous visiterons les boîtes.

TIRÉSIAS. Madame, vous n'y pensez pas!

JOCASTE. Voilà qu'il recommence! Il me rendra folle, folle! Folle et idiote! J'ai des voiles, Zizi, comment voulez-vous qu'on me reconnaisse?

TIRÉSIAS. Ma colombe, vous l'avez dit vous-même, vous êtes sortie du palais avec tous vos bijoux. Votre broche seule a des perles grosses comme un œuf.

JOCASTE. Je suis une victime! Les autres peuvent rire, danser, s'amuser. Crois-tu que je vais laisser à la maison cette broche qui crève l'œil de tout le monde.* Appelez le garde. Dites-lui qu'il m'aide à descendre les marches; vous, vous nous suivrez.

TIRÉSIAS. Mais, Madame, puisque le contact de ce jeune homme vous affecte...

JOCASTE. Il est jeune, il est fort; il m'aidera; et je ne me romprai pas le cou. Obéissez au moins une fois à votre reine.

TIRÉSIAS. Hep!... Non lui... Oui, toi... Aide la reine à descendre les marches...

LE SOLDAT. Eh bien, ma vieille!

LE JEUNE SOLDAT. *Il approche.* Oui, Monseigneur.

LE FANTÔME. Jocaste! Jocaste! Jocaste!

JOCASTE. Il est timide! Et les escaliers me détestent. Les escaliers,* les agrafes, les écharpes. Oui! Oui! ils me détestent! Ils veulent ma mort. (*Un cri.*) Ho!

LE JEUNE SOLDAT. La reine s'est fait mal?

TIRÉSIAS. Mais non, stupide! Votre pied! Votre pied!

LE JEUNE SOLDAT. Quel pied?

TIRÉSIAS. Votre pied sur le bout de l'écharpe. Vous avez failli étrangler la reine.

LE JEUNE SOLDAT. Dieux!

JOCASTE. Zizi, vous êtes le comble du ridicule. Pauvre mignon! Voilà que tu le traites d'assassin parce qu'il a marché comme toi, sur cette écharpe. Ne vous tourmentez pas, mon fils, Monseigneur est absurde. Il ne manque pas une occasion de faire de la peine.

TIRÉSIAS. Mais, Madame...

JOCASTE. C'est vous le maladroit. Venez. Merci, mon garçon. Vous écrirez au temple votre nom et votre adresse. Une, deux, trois, quatre... C'est superbe! Tu vois, Zizi, comme je descends bien. Onze, douze... Zizi, vous suivez, il reste encore deux marches. (*Au Soldat.*) Merci. Je n'ai plus besoin de vous. Aidez le grand-père.

Jocaste disparaît par la droite avec Tirésias. On entend les coqs.

LA VOIX DE JOCASTE. Par votre faute, je ne saurai jamais ce que voulait mon pauvre Laïus.

LE FANTÔME. Jocaste!

LA VOIX DE TIRÉSIAS. Tout cela est bien vague.

LA VOIX DE JOCASTE. Quoi? bien vague. Qu'est-ce que

c'est vague? C'est vous qui êtes vague avec votre troisième œil. Voilà un garçon qui sait ce qu'il a vu, et il a vu le roi; avez-vous vu le roi?

La Voix de Tirésias.   Mais...

La Voix de Jocaste.   L'avez-vous vu?... Non... alors...   C'est extraordinaire...   On dirait...

> *Les voix s'éteignent.*

Le Fantôme.   Jocaste! Tirésias! Par pitié!...

> *Les deux soldats se réunissent et voient le fantôme.*

Les Deux Soldats.   Oh! le spectre!

Le Fantôme.   Messieurs, enfin! Je suis sauvé! J'appelais, je suppliais...

Le Soldat.   Vous étiez là?

Le Fantôme.   Pendant tout votre entretien avec la reine et avec Tirésias.   Pourquoi donc étais-je invisible?

Le Jeune Soldat.   Je cours les chercher!

Le Soldat.   Halte!

Le Fantôme.   Quoi? Vous l'empêchez...

Le Jeune Soldat.   Laisse-moi...

Le Soldat.   Lorsque le menuisier arrive, la chaise ne boite plus, lorsque tu entres chez le savetier, ta sandale ne te gêne plus, lorsque tu arrives chez le médecin, tu ne sens plus la douleur.   Cherche-les!   Il suffira qu'ils arrivent pour que le fantôme disparaisse.

Le Fantôme.   Hélas!   Ces simples savent-ils donc ce que les prêtres ne devinent pas?

Le Jeune Soldat.   J'irai.

LE FANTÔME. Trop tard... Restez. Il est trop tard.* Je suis découvert. Ils approchent; ils vont me prendre. Ah! les voilà! Au secours! Au secours! Vite! Rapportez à la reine qu'un jeune homme approche de Thèbes, et qu'il ne faut sous aucun prétexte... Non! Non! Grâce! Grâce! Ils me tiennent! Au secours! C'est fini! Je... Je... Grâce... Je... Je... Je...

Long silence. Les deux soldats, de dos, contemplent sans fin, la place du mur où le fantôme a disparu.

LE SOLDAT. Pas drôle!

LE JEUNE SOLDAT. Non!

LE SOLDAT. Ces choses-là nous dépassent, ma vieille.

LE JEUNE SOLDAT. Mais ce qui reste clair, c'est que malgré la mort, ce type a voulu coûte que coûte prévenir sa femme d'un danger qui la menace. Mon devoir est de rejoindre la reine ou le grand-prêtre, et de leur répéter ce que nous venons d'entendre, mot pour mot...

LE SOLDAT. Tu veux t'envoyer la reine? (*Le jeune soldat hausse les épaules.*) Alors... il n'avait qu'à leur apparaître et à leur parler, ils étaient là. Nous l'avons bien vu, nous, et ils ne le voyaient pas eux, et même ils nous empêchaient de le voir, ce qui est le comble. Ceci prouve que les rois morts deviennent de simples particuliers. Pauvre Laïus! Il sait maintenant comme c'est facile d'arriver jusqu'aux grands de la terre.

LE JEUNE SOLDAT. Mais nous?

LE SOLDAT. Oh! Nous! Ce n'est pas sorcier de prendre contact avec des hommes, ma petite vache... Mais vois-tu... des chefs, des reines, des pontifes... ils partent toujours avant que ça se passe, ou bien ils arrivent toujours après que ça a eu lieu.

LE JEUNE SOLDAT.   Ça quoi?

LE SOLDAT.   Est-ce que je sais?... Je me comprends,
c'est le principal.

LE JEUNE SOLDAT.   Et tu n'irais pas prévenir la reine?

LE SOLDAT.   Un conseil: Laisse les princes s'arranger avec
les princes, les fantômes avec les fantômes, et les soldats avec
les soldats.

Sonnerie de trompettes

ACTE II

LA RENCONTRE
D'ŒDIPE ET DU SPHINX

LA VOIX

Spectateurs, nous allons imaginer un recul dans le temps*
et revivre, ailleurs, les minutes que nous venons de vivre
ensemble. En effet, le fantôme de Laïus essaye de prévenir
Jocaste, sur une plate-forme des remparts de Thèbes, pendant
que le Sphinx et Œdipe se rencontrent sur une éminence
qui domine la ville. Mêmes sonneries de trompettes, même
lune, mêmes étoiles, mêmes coqs.

DÉCOR

Un lieu désert, sur une éminence qui domine Thèbes, au clair de lune.

La route de Thèbes (de gauche à droite), passe au premier plan. On devine qu'elle contourne une haute pierre penchée, dont la base s'amorce en bas de l'estrade et forme le portant de gauche. Derrière les décombres d'un petit temple, un mur en ruines. Au milieu du mur, un socle intact devait marquer l'entrée du temple et porte les vestiges d'une chimère: une aile, une patte, une croupe.

Colonnes détruites. Pour les ombres finales d'Anubis et de Némésis, un disque enregistré par les acteurs déclame leur dialogue, laissant l'actrice mimer la jeune fille morte à tête de chacal.

ACTE II

LA RENCONTRE D'ŒDIPE ET DU SPHINX

Au lever du rideau, une jeune fille en robe blanche est assise sur les décombres. La tête d'un chacal dont le corps reste invisible derrière elle, repose sur ses genoux.

Trompettes lointaines.

LE SPHINX. Ecoute.

LE CHACAL. J'écoute.

LE SPHINX. C'est la dernière sonnerie, nous sommes libres.

Anubis se lève, on voit que la tête de chacal lui appartenait.

LE CHACAL ANUBIS. C'est la première sonnerie. Il en reste encore deux avant la fermeture des portes de Thèbes.

LE SPHINX. C'est la dernière, la dernière, j'en suis sûre!

ANUBIS. Vous en êtes sûre parce que vous désirez la fermeture des portes, mais hélas! ma consigne m'oblige à vous contredire; nous ne sommes pas libres.* C'est la première sonnerie. Attendons.

LE SPHINX. Je me trompe peut-être...

ANUBIS. Il n'y a pas l'ombre d'un doute; vous vous trompez.

LE SPHINX. Anubis!

ANUBIS. Sphinx?

LE SPHINX. J'en ai assez de tuer. J'en ai assez de donner la mort.

ANUBIS. Obéissons. Le mystère a ses mystères. Les dieux possèdent leurs dieux.* Nous avons les nôtres. Ils ont les leurs. C'est ce qui s'appelle l'infini.

LE SPHINX. Tu vois, Anubis, la seconde sonnerie ne se fait pas entendre; tu te trompais, partons...

ANUBIS. Vous voudriez que cette nuit s'achève sans morts?

LE SPHINX. Eh bien oui! Oui! Je tremble, malgré l'heure, qu'il ne passe encore quelqu'un.

ANUBIS. Vous devenez sensible.

LE SPHINX. Cela me regarde...

ANUBIS. Ne vous fâchez pas.

LE SPHINX. Pourquoi toujours agir sans but, sans terme, sans comprendre? Ainsi, par exemple, Anubis, pourquoi ta tête de chien? Pourquoi le dieu des morts sous l'apparence que lui supposent les hommes crédules? Pourquoi en Grèce un dieu d'Egypte? Pourquoi un dieu à tête de chien?

ANUBIS. J'admire ce qui vous a fait prendre une figure de femme lorsqu'il s'agissait de poser des questions.

LE SPHINX. Ce n'est pas répondre!

ANUBIS. Je répondrai *que* la logique nous oblige, pour apparaître aux hommes, à prendre l'aspect sous lequel ils nous représentent; sinon, ils ne verraient que du vide. Ensuite: *que* l'Egypte, la Grèce, la mort, le passé, l'avenir n'ont pas de sens chez nous; *que* vous savez trop bien à quelle besogne ma mâchoire de chacal est soumise; *que* nos maîtres

prouvent leur sagesse en m'incarnant sous une forme in-
humaine qui m'empêche de perdre la tête, fût-elle* une tête
de chien; car j'ai votre garde,* et je devine que, s'ils ne vous
avaient donné qu'un chien de garde, nous serions à l'heure
actuelle à Thèbes, moi en laisse et vous assise au milieu d'une
bande de jeunes gens.

Le Sphinx.   Tu es stupide!

Anubis.   Efforcez-vous donc de vous souvenir que ces
victimes qui émeuvent la figure de jeune fille que vous avez
prise, ne sont autre chose que zéros essuyés sur une ardoise,
même si chacun de ces zéros était une bouche ouverte
criant au secours.

Le Sphinx.   C'est possible.   Mais ici, nos calculs de dieux
nous échappent...   Ici, nous tuons.   Ici les morts meurent.
Ici, je tue!

*Le Sphinx a parlé, le regard à terre.   Pendant sa phrase
Anubis a dressé les oreilles, tourné la tête et détalé sans bruit, à
travers les ruines où il disparaît.   Lorsque le Sphinx lève les yeux,
il* le cherche et se trouve face à face avec un groupe qui entre par
la gauche, premier plan, et que le nez d'Anubis avait flairé.   Le
groupe se compose d'une matrone de Thèbes, de son petit garçon
et de sa petite fille.   La matrone traîne sa fille.   Le garçon
marche devant elle.*

La Matrone.   Regarde où tu mets tes pieds!   Avance!
Ne regarde pas derrière toi!   Laisse ta sœur!   Avance...
(*Elle aperçoit le Sphinx contre qui le garçon trébuche.*)   Prends
garde!   Je t'avais dit de regarder où tu marches!   Oh!
pardon Madame...   Il ne regarde jamais où il marche...   Il
ne vous a pas fait mal?

Le Sphinx.   Mais pas du tout, Madame.

La Matrone. Je ne m'attendais pas à rencontrer du monde sur ma route à des heures pareilles.

Le Sphinx. Je suis étrangère, arrivée à Thèbes depuis peu ; je retourne chez une parente qui habite la campagne et je m'étais perdue.

La Matrone. Pauvre petite ! Et où habite-t-elle, votre parente ?

Le Sphinx. ...Aux environs de la douzième borne.

La Matrone. Juste d'où j'arrive ! J'ai déjeuné en famille, chez mon frère. Il m'a retenue à dîner. Après le dîner, on bavarde, on bavarde, et me voilà qui rentre, après le couvre-feu, avec des galopins qui dorment debout.

Le Sphinx. Bonne nuit, Madame.

La Matrone. Bonne nuit. (*Fausse sortie.*) Et... dites... ne traînez pas en route. Je sais que ni vous ni moi n'avons grand'chose à craindre...* mais je ne serai pas fière* tant que je ne serai pas dans les murs.

Le Sphinx. Vous craignez les voleurs ?

La Matrone. Les voleurs ! Justes dieux, que pourraient-ils me prendre ? Non, non, ma petite. D'où sortez-vous ? On voit que vous n'êtes pas de la ville. Il s'agit bien des voleurs. Il s'agit du Sphinx !

Le Sphinx. Vous y croyez vraiment, vraiment, vous, Madame, à cette histoire-là ?

La Matrone. Cette histoire-là ! Que vous êtes jeune. La jeunesse est incrédule. Si, si. Voilà comment il arrive des malheurs.

Sans parler du Sphinx, je vous cite un exemple de ma famille. Mon frère, de chez qui je rentre... (*Elle s'assied et baisse la voix.*) Il avait épousé une grande, belle femme blonde, une femme du nord. Une nuit, il se réveille et qu'est-ce qu'il trouve? Sa femme couchée, sans tête et sans entrailles. C'était un vampire. Après la première émotion, mon frère ne fait ni une ni deux, il cherche un œuf et le pose sur l'oreiller, à la place de la tête de sa femme. C'est le moyen d'empêcher les vampires de rentrer dans leurs corps. Tout à coup, il entend des plaintes. C'étaient la tête et les entrailles affolées qui voletaient à travers la chambre et qui suppliaient mon frère d'ôter l'œuf. Et mon frère refuse, et la tête passe des plaintes à la colère, de la colère aux larmes et des larmes aux caresses. Bref, mon imbécile de frère ôte l'œuf et laisse rentrer sa femme. Maintenant, il sait que sa femme est un vampire et mes fils se moquent de leur oncle. Ils prétendent qu'il invente ce vampire de toutes pièces pour cacher que sa femme sortait bel et bien avec son corps et qu'il la laissait rentrer, et qu'il est un lâche, et qu'il en a honte. Mais moi, je sais que ma belle-sœur est un vampire, je le sais... Et mes fils risquent d'épouser des monstres d'enfer parce qu'ils s'obstinent à être in-cré-du-les.

Ainsi, le Sphinx, excusez si je vous choque, il faut être vous et mes fils pour ne pas y croire.

Le Sphinx. Vos fils...?

La Matrone. Pas le morveux qui s'est jeté dans vos jambes. Je parle d'un autre fils de dix-sept ans...

Le Sphinx. Vous avez plusieurs fils?

La Matrone. J'en avais quatre. Il m'en reste trois: sept ans, seize ans et dix-sept ans. Et je vous assure que depuis cette maudite bête, la maison est devenue inhabitable.

Le Sphinx. Vos fils se disputent?

La Matrone. Mademoiselle, c'est-à-dire que c'est

impossible de s'entendre. Celui de seize ans s'occupe de
politique. Le Sphinx qu'il dit, c'est un loup-garou pour
tromper le pauvre monde. Il y a peut-être eu quelque
chose comme votre Sphinx — c'est mon fils qui s'exprime
— maintenant votre Sphinx est mort; c'est une arme entre
les mains des prêtres et un prétexte aux mic-macs de la
police. On égorge, on pille, on épouvante le peuple, et on
rejette tout sur le Sphinx. Le Sphinx a bon dos. C'est
à cause du Sphinx qu'on crève de famine, que les prix
montent, que les bandes de pillards infestent les campagnes;
c'est à cause du Sphinx que rien ne marche, que personne
ne gouverne, que les faillites se succèdent, que les temples
regorgent d'offrandes tandis que les mères et les épouses
perdent leur gagne-pain, que les étrangers qui dépensent se
sauvent de la ville; et il faut le voir, Mademoiselle, monter
sur la table, criant, gesticulant, piétinant; et il dénonce les
coupables, il prêche la révolte, il stimule les anarchistes, il
crie à tue-tête des noms de quoi nous faire pendre tous. Et
entre nous,... moi qui vous parle, tenez... Mademoiselle,
je sais qu'il existe le Sphinx... mais on en profite. C'est
certain qu'on en profite. Il faudrait un homme de poigne,
un dictateur!*

Le Sphinx. Et... le frère de votre jeune dictateur?

La Matrone. Ça, c'est un autre genre. Il méprise son
frère, il me méprise, il méprise la ville, il méprise les dieux,
il méprise tout. On se demande où il va chercher ce qu'il
vous sort.* Il déclare que le Sphinx l'intéresserait s'il tuait
pour tuer, mais que notre Sphinx est de la clique des oracles,
et qu'il ne l'intéresse pas.

Le Sphinx. Et votre quatrième fils? Votre deuil date...

La Matrone. Je l'ai perdu voilà presque une année. Il
venait d'avoir dix-neuf ans.

Le Sphinx. Pauvre femme... Et, de quoi est-il mort?

LA MATRONE.   Il est mort au Sphinx.*

LE SPHINX, *sombre*.   Ah!...

LA MATRONE.   Mon fils cadet peut bien prétendre qu'il a été victime des intrigues de la police... Non... Non... Je ne me trompe pas. Il est mort au Sphinx. Ah! Mademoiselle... Je vivrais cent ans, je verrai toujours la scène.   Un matin (il n'était pas rentré la nuit), je crois qu'il frappe à la porte; j'ouvre et je vois le dessous de ses pauvres pieds et tout le corps après, et très loin, très loin, sa pauvre petite figure et, à la nuque, tenez ici, une grosse blessure d'où le sang ne coulait même plus.   On me le rapportait sur une civière.   Alors, Mademoiselle, j'ai fait: Ho!* et je suis tombée, comme ça... Des malheurs pareils, comprenez-vous, ça vous marque.   Je vous félicite si vous n'êtes pas de Thèbes et si vous n'avez point de frère.   Je vous félicite... Son cadet, l'orateur, il veut le venger.   A quoi bon?   Mais il déteste les prêtres et mon pauvre fils était de la série des offrandes.

LE SPHINX.   Des offrandes?

LA MATRONE.   Dame oui.   Les premiers mois du Sphinx, on envoyait la troupe* venger la belle jeunesse qu'on trouvait morte un peu partout; et la troupe rentrait bredouille.   Le Sphinx restait introuvable.   Ensuite, le bruit s'étant répandu que le Sphinx posait des devinettes, on a sacrifié la jeunesse des écoles; alors les prêtres ont déclaré que le Sphinx exigeait des offrandes.   C'est là-dessus qu'on a choisi les plus jeunes, les plus faibles, les plus beaux.

LE SPHINX.   Pauvre Madame!

LA MATRONE.   Je le répète, Mademoiselle, il faudrait une poigne.*   La reine Jocaste est encore jeune.   De loin, on lui donnerait vingt-neuf, trente ans.   Il faudrait un chef qui

tombe du ciel,* qui l'épouse, qui tue la bête, qui punisse les
trafics, qui boucle Créon et Tirésias, qui relève les finances,
qui remonte le moral du peuple, qui l'aime, qui nous sauve,
quoi! qui nous sauve...

Le Fils.   Maman!

La Matrone.   Laisse...

Le Fils.   Maman... dis maman, comment il est le
Sphinx?*

La Matrone.   Je ne sais pas. (*Au Sphinx.*)   Voilà-t-il
point qu'ils inventent de* nous demander nos derniers sous
pour construire un monument aux morts du Sphinx?
Croyez-vous que cela nous les rende?

Le Fils.   Maman...   Comment il est le Sphinx?

Le Sphinx.   Le pauvre! sa sœur dort.   Viens...

> *Le fils se met dans les jupes du Sphinx.*

La Matrone.   N'ennuie pas la dame.

Le Sphinx.   Laissez-le...

> *Elle lui caresse la nuque*.*

Le Fils.   Maman, dis, c'est cette dame le Sphinx?

La Matrone.   Tu es trop bête. (*Au Sphinx.*)   Excusez-
le, à cet âge, ils ne savent pas ce qu'ils disent... (*Elle se lève.*)
Ouf! (*Elle charge la petite fille endormie sur ses bras.*)   Allons!
Allons!   En route, mauvaise troupe!*

Le Fils.   Maman, c'est cette dame, le Sphinx?   Dis
maman, c'est le Sphinx cette dame?   C'est ça le Sphinx?

La Matrone.   Assez!   Ne sois pas stupide! (*Au Sphinx.*)
Bonsoir, Mademoiselle.   Excusez-moi si je bavarde.   J'étais
contente de souffler une petite minute...   Et... méfiez-

vous! (*Fanfare.*) Vite. Voilà la deuxième relève; à la troisième, nous resterions dehors.

Le Sphinx. Dépêchez-vous. Je vais courir de mon côté. Vous m'avez donné l'alarme.

La Matrone. Croyez-moi, nous ne serons tranquilles que si un homme à poigne nous débarrasse de ce fléau.

Elle sort par la droite.

La Voix du Fils. Dis, maman, comment il est le Sphinx?... C'était pas cette dame?... Alors comment il est?...

Le Sphinx, *seul*. Un fléau!

Anubis, *sortant des ruines.* Il ne nous manquait que cette matrone.

Le Sphinx. Voilà deux jours que je suis triste, deux jours que je me traîne, en souhaitant que ce massacre prenne fin.

Anubis. Confiez-vous, calmez-vous.

Le Sphinx. Écoute. Voilà le vœu que je forme et les circonstances dans lesquelles il me serait possible de monter une dernière fois sur mon socle. Un jeune homme graviraît la colline. Je l'aimerais. Il n'aurait aucune crainte. A la question que je pose il répondrait comme un égal. Il ré-pon-drait, Anubis, et je tomberais morte.

Anubis. Entendons-nous: votre forme mortelle tom-berait morte.

Le Sphinx. N'est-ce pas sous cette forme que je voudrais vivre pour le rendre heureux?

Anubis. Il est agréable de voir qu'en s'incarnant une grande déesse ne devient pas une petite femme.

LE SPHINX.   Tu vois que j'avais plus que raison et que la sonnerie que nous venons d'entendre était la dernière.

ANUBIS.   Fille des hommes!   On n'en a jamais fini avec vous.   Non, non et non!

Il s'éloigne et monte sur une colonne renversée.

Cette sonnerie était la deuxième.   Il m'en faut encore une, et vous serez libre.   Oh!

LE SPHINX.   Qu'as-tu?

ANUBIS.   Mauvaise nouvelle.

LE SPHINX.   Un voyageur?

ANUBIS.   Un voyageur...

Le Sphinx rejoint Anubis sur la colonne et regarde en coulisse, à gauche.

LE SPHINX.   C'est impossible, impossible.   Je refuse d'interroger ce jeune homme.   Inutile, ne me le demande pas.

ANUBIS.   Je conviens que si vous ressemblez à une jeune mortelle, il ressemble fort à un jeune dieu.

LE SPHINX.   Quelle démarche, Anubis, et ces épaules! Il approche.

ANUBIS.   Je me cache.   N'oubliez pas que vous êtes le Sphinx.   Je vous surveille.   Je paraîtrai au moindre signe.

LE SPHINX.   Anubis, un mot... vite...

ANUBIS.   Chut!... le voilà!   *Il se cache.*

Œdipe entre par le fond à gauche.   Il marche tête basse et sursaute.

ŒDIPE.   Oh!   Pardon...

LE SPHINX.   Je vous ai fait peur.

ŒDIPE.   C'est-à-dire... non... mais je rêvais, j'étais à cent lieues de l'endroit où nous sommes, et... là, tout à coup...

LE SPHINX.   Vous m'avez prise pour un animal.

ŒDIPE.   Presque.

LE SPHINX. Presque? Presque un animal, c'est le Sphinx.

ŒDIPE.   Je l'avoue.

LE SPHINX.   Vous avouez m'avoir prise pour le Sphinx. Merci.

ŒDIPE.   Je me suis vite rendu compte de mon erreur!

LE SPHINX.   Trop aimable.   Le fait est que pour un jeune homme, ce ne doit pas être drôle de se trouver brusquement nez à nez avec lui.

ŒDIPE.   Et pour une jeune fille?

LE SPHINX.   Il ne s'attaque pas aux jeunes filles.

ŒDIPE.   Parce que les jeunes filles évitent les endroits qu'il fréquente et n'ont guère l'habitude, il me semble, de sortir seules après la chute du jour.

LE SPHINX.   Mêlez-vous, cher Monsieur, de ce qui vous regarde et laissez-moi passer mon chemin.

ŒDIPE.   Quel chemin?

LE SPHINX.   Vous êtes extraordinaire.   Dois-je rendre compte à un étranger du but de ma promenade?

ŒDIPE.   Et si je le devinais, moi, ce but?

LE SPHINX.   Vous m'amusez beaucoup.

ŒDIPE. Ce but... ne serait-ce pas la curiosité qui ravage toutes les jeunes femmes modernes, la curiosité de savoir comment le Sphinx est fait? S'il a des griffes, un bec, des ailes? S'il tient du tigre ou du vautour?

LE SPHINX. Allez, allez...

ŒDIPE. Le Sphinx est le criminel à la mode. Qui l'a vu? Personne. On promet à qui le découvrira des récompenses fabuleuses. Les lâches tremblent. Les jeunes hommes meurent... Mais une jeune fille, ne pourrait-elle se risquer dans la zone interdite, braver les consignes, oser ce que personne de raisonnable n'ose, dénicher le monstre, le surprendre au gîte, l'apercevoir!

LE SPHINX. Vous faites fausse route, je vous le répète. Je rentre chez une parente qui habite la campagne, et comme j'oubliais qu'il existe un Sphinx et que les environs de Thèbes ne sont pas sûrs, je me reposais une minute assise sur les pierres de cette ruine. Vous voyez que nous sommes loin de compte.

ŒDIPE. Dommage! Depuis quelque temps je ne croise que des personnes si plates; alors j'espérais un peu d'imprévu. Excusez-moi.

LE SPHINX. Bonsoir!

ŒDIPE. Bonsoir!

Ils se croisent. Mais Œdipe se retourne.

Eh bien, Mademoiselle, au risque de me rendre odieux, figurez-vous que je n'arrive pas à vous croire et que votre présence dans ces ruines continue de m'intriguer énormément.

LE SPHINX. Vous êtes incroyable.

ŒDIPE. Car, si vous étiez une jeune fille comme les autres, vous auriez déjà pris vos jambes à votre cou.

LE SPHINX. Vous êtes de plus en plus comique, mon garçon.

ŒDIPE. Il me paraissait si merveilleux de trouver, chez une jeune fille, un émule* digne de moi.

LE SPHINX. Un émule? Vous cherchez donc le Sphinx?

ŒDIPE. Si je le cherche! Sachez que depuis un mois je marche sans fatigue, et c'est pourquoi j'ai dû manquer de savoir-vivre, car j'étais si fiévreux en approchant de Thèbes que j'eusse crié* mon enthousiasme à n'importe quelle colonne, et voilà qu'au lieu d'une colonne, une jeune fille blanche se dresse sur ma route. Alors je n'ai pu m'empêcher de l'entretenir de ce qui m'occupe et de lui prêter les mêmes intentions qu'à moi.

LE SPHINX. Mais, dites, il me semble que, tout à l'heure, en me voyant surgir de l'ombre, vous paraissiez mal sur vos gardes, pour un homme qui souhaite se mesurer avec l'ennemi.

ŒDIPE. C'est juste! Je rêvais de gloire et la bête m'eût pris en défaut. Demain, à Thèbes, je m'équipe et la chasse commence.

LE SPHINX. Vous aimez la gloire?

ŒDIPE. Je ne sais pas si j'aime la gloire; j'aime les foules qui piétinent, les trompettes, les oriflammes qui claquent, les palmes qu'on agite, le soleil, l'or, la pourpre, le bonheur, la chance, vivre enfin!

LE SPHINX. Vous appelez cela vivre.

ŒDIPE. Et vous?

Le Sphinx. Moi non. J'avoue avoir une idée toute différente de la vie.

Œdipe. Laquelle?

Le Sphinx. Aimer. Être aimé de qui on aime.*

Œdipe. J'aimerai mon peuple, il m'aimera.

Le Sphinx. La place publique n'est pas un foyer.

Œdipe. La place publique n'empêche rien. A Thèbes le peuple cherche un homme. Si je tue le Sphinx je serai cet homme. La reine Jocaste est veuve, je l'épouserai...

Le Sphinx. Une femme qui pourrait être votre mère!

Œdipe. L'essentiel est qu'elle ne le soit pas.*

Le Sphinx. Croyez-vous qu'une reine et qu'un peuple se livrent au premier venu?

Œdipe. Le vainqueur du Sphinx serait-il le premier venu? Je connais la récompense. La reine lui est promise. Ne riez pas, soyez bonne... Il faut que vous m'écoutiez. Il faut que je vous prouve que mon rêve n'est pas un simple rêve. Mon père est roi de Corinthe. Mon père et ma mère me mirent au monde lorsqu'ils étaient déjà vieux, et j'ai vécu dans une cour maussade. Trop de caresses, de confort excitaient en moi je ne sais quel démon d'aventures. Je commençais de languir, de me consumer, lorsqu'un soir, un ivrogne me cria que j'étais un bâtard et que j'usurpais la place d'un fils légitime. Il y eut des coups, des insultes; et le lendemain, malgré les larmes de Mérope et de Polybe, je décidai de visiter les sanctuaires et d'interroger les dieux. Tous me répondirent par le même oracle: Tu assassineras ton père et tu épouseras ta mère.

Le Sphinx. Hein?

ŒDIPE. Oui... oui... Au premier abord cet oracle suffoque,* mais j'ai la tête solide.* Je réfléchis à l'absurdité de la chose, je fis la part des dieux et des prêtres et j'arrivai à cette conclusion: ou l'oracle cachait un sens moins grave qu'il s'agissait de comprendre; ou les prêtres, qui correspondent de temple en temple par les oiseaux, trouvaient un avantage à mettre cet oracle dans la bouche des dieux et à m'éloigner du pouvoir. Bref, j'oubliai vite mes craintes et, je l'avoue, je profitai de cette menace de parricide et d'inceste pour fuir la cour et satisfaire ma soif d'inconnu.

LE SPHINX. C'est mon tour de me sentir étourdie. Je m'excuse de m'être un peu moquée de vous. Vous me pardonnez, Prince?

ŒDIPE. Donnons-nous la main. Puis-je vous demander votre nom? Moi, je m'appelle Œdipe; j'ai dix-neuf ans.

LE SPHINX. Qu'importe! Laissez mon nom, Œdipe. Vous devez aimer les noms illustres... Celui d'une petite fille de dix-sept ans ne vous intéresserait pas.

ŒDIPE. Vous êtes méchante.

LE SPHINX. Vous adorez la gloire. Et pourtant la manière la plus sûre de déjouer l'oracle ne serait-elle pas d'épouser une femme plus jeune que vous?

ŒDIPE. Voici une parole qui ne vous ressemble pas. La parole d'une mère de Thèbes où les jeunes gens à marier se font rares.

LE SPHINX. Voici une parole qui ne vous ressemble pas, une parole lourde et vulgaire.

ŒDIPE. Alors j'aurais couru les routes, franchi des montagnes et des fleuves pour prendre une épouse qui deviendra vite un Sphinx, pire que le Sphinx, un Sphinx à mamelles et à griffes!

LE SPHINX. Œdipe...

ŒDIPE. Non pas! Je tenterai ma chance. Prenez cette ceinture; elle vous permettra de venir jusqu'à moi lorsque j'aurai tué la bête.

*Jeu de scène.**

LE SPHINX. Avez-vous déjà tué?

ŒDIPE. Une fois. C'était au carrefour où les routes de Delphes et de Daulie se croisent. Je marchais comme tout à l'heure. Une voiture approchait conduite par un vieillard, escorté de quatre domestiques. Comme je croisais l'attelage, un cheval se cabre, me bouscule et me jette contre un des domestiques. Cet imbécile lève la main sur moi. J'ai voulu répondre avec mon bâton, mais il se courbe et j'attrape le vieillard à la tempe. Il tombe. Les chevaux s'emballent, ils le traînent. Je cours après: les domestiques épouvantés se sauvent; et je me retrouve seul avec le cadavre d'un vieillard qui saigne, et des chevaux empêtrés qui se roulent en hennissant et en cassant leurs jambes. C'était atroce... atroce...

LE SPHINX. Oui, n'est-ce pas... c'est atroce de tuer...

ŒDIPE. Ma foi, ce n'était pas ma faute et je n'y pense plus. Il importe que je saute les obstacles, que je porte des œillères, que je ne m'attendrisse pas. D'abord mon étoile.*

LE SPHINX. Alors, adieu Œdipe. Je suis du sexe qui dérange les héros. Quittons-nous, je crois que nous n'aurions plus grand-chose à nous dire.

ŒDIPE. Déranger les héros! Vous n'y allez pas de main-morte.

LE SPHINX. Et... si le Sphinx vous tuait?

ŒDIPE. Sa mort dépend, si je ne me trompe, d'un interrogatoire auquel je devrai répondre. Si je devine, il ne me touche même pas, il meurt.

LE SPHINX.   Et si vous ne devinez pas?

ŒDIPE.   J'ai fait, grâce à ma triste enfance, des études qui me procurent bien des avantages sur les garnements de Thèbes.

LE SPHINX.   Vous m'en direz tant!*

ŒDIPE.   Et je ne pense pas que le monstre naïf s'attende à se trouver face à face avec l'élève des meilleurs lettrés de Corinthe.

LE SPHINX.   Vous avez réponse à tout.   Hélas! car, vous l'avouerai-je, Œdipe, j'ai une faiblesse: les faibles me plaisent et j'eusse aimé vous prendre en défaut.

ŒDIPE.   Adieu.

Le Sphinx fait un pas pour s'élancer à sa poursuite et s'arrête, mais ne peut résister à un appel.   Jusqu'à son «moi! moi!» le Sphinx ne quitte plus des yeux les yeux d'Œdipe, bougeant comme autour de ce regard immobile, fixe, vaste, aux paupières qui ne battent pas.

LE SPHINX.   Œdipe!

ŒDIPE.   Vous m'appelez?

LE SPHINX.   Un dernier mot.   Jusqu'à nouvel ordre, rien d'autre ne préoccupe votre esprit, rien d'autre ne fait battre votre cœur, rien d'autre n'agite votre âme que le Sphinx?

ŒDIPE.   Rien d'autre, jusqu'à nouvel ordre.

LE SPHINX.   Et celui ou... celle qui vous mettrait en sa présence,... je veux dire qui vous aiderait... je veux dire, qui saurait peut-être quelque chose facilitant cette rencontre... se revêtirait-il ou elle, de prestige, au point de vous toucher, de vous émouvoir?

ŒDIPE.   Certes, mais que prétendez-vous?

Le Sphinx.   Et si moi, moi, je vous livrais un secret, un secret immense?

Œdipe.   Vous plaisantez!

Le Sphinx.   Un secret qui vous permette d'entrer en contact* avec l'énigme des énigmes, avec la bête humaine, avec la chienne qui chante,* comme ils disent, avec le Sphinx?

Œdipe.   Quoi? Vous! Vous! Aurais-je deviné juste et votre curiosité aurait-elle découvert... Mais non! Je suis absurde.   C'est une ruse de femme pour m'obliger à rebrousser chemin.

Le Sphinx.   Bonsoir.

Œdipe.   Pardon...

Le Sphinx.   Inutile.

Œdipe.   Je suis un niais qui s'agenouille et qui vous conjure de lui pardonner.

Le Sphinx.   Vous êtes un fat, qui regrette d'avoir perdu sa chance et qui essaye de la reprendre.

Œdipe.   Je suis un fat, j'ai honte.   Tenez, je vous crois, je vous écoute.   Mais si vous m'avez joué un tour, je vous tirerai par les cheveux et je vous pincerai jusqu'au sang.

Le Sphinx.   Venez.

Elle le mène en face du socle.

Fermez les yeux.   Ne trichez pas.   Comptez jusqu'à cinquante.*

Œdipe, *les yeux fermés.*   Prenez garde!

Le Sphinx.   Chacun son tour.

Œdipe compte.   On sent qu'il se passe un événement extra-ordinaire.   Le Sphinx bondit à travers les ruines, disparaît derrière le mur et reparaît, engagé dans le socle praticable, c'est-à-

dire qu'il semble accroché au socle, le buste dressé sur les coudes, la tête droite, alors que l'actrice se tient debout, ne laissant paraître que son buste et ses bras couverts de gants mouchetés,* les mains griffant le rebord, que l'aile brisée donne naissance à des ailes subites, immenses, pâles, lumineuses, et que le fragment de statue la complètent, la prolongent et paraissent lui appartenir. On entend Œdipe compter 47, 48, 49, attendre un peu et crier 50. Il se retourne).

ŒDIPE. Vous!

LE SPHINX, *d'une voix lointaine, haute, joyeuse, terrible.* Moi! Moi! le Sphinx!

ŒDIPE. Je rêve!

LE SPHINX. Tu n'es pas un rêveur, Œdipe. Ce que tu veux, tu le veux, tu l'as voulu. Silence. Ici j'ordonne. Approche.

Œdipe, les bras au corps, comme paralysé, tente avec rage de se rendre libre.

LE SPHINX. Avance. (*Œdipe tombe à genoux.*) Puisque tes jambes te refusent leur aide, saute, sautille... Il est bon qu'un héros se rende un peu ridicule. Allons, va, va! Sois tranquille. Il n'y a personne pour te regarder.

Œdipe se tordant de colère, avance sur les genoux.

LE SPHINX. C'est bien. Halte! Et maintenant...

ŒDIPE. Et maintenant, je commence à comprendre vos méthodes et par quelles manœuvres vous enjôlez et vous égorgez les voyageurs.

LE SPHINX. ...Et maintenant je vais te donner un spectacle. Je vais te montrer ce qui se passerait à cette place, Œdipe, si tu étais n'importe quel joli garçon de Thèbes et si tu n'avais eu le privilège de me plaire.

ŒDIPE. Je sais ce que valent vos amabilités.

Il se crispe des pieds à la tête.   On voit qu'il lutte contre un charme.

L<small>E</small> S<small>PHINX</small>.   Abandonne-toi.   N'essaye pas de te crisper, de résister.   Abandonne-toi.   Si tu résistes, tu ne réussiras qu'à rendre ma tâche plus délicate et je risque de te faire du mal.

Œ<small>DIPE</small>.   Je résisterai!

Il ferme les yeux, détourne la tête.

L<small>E</small> S<small>PHINX</small>.   Inutile de fermer les yeux, de détourner la tête.   Car ce n'est ni par le chant, ni par le regard que j'opère.   Mais, plus adroit qu'un aveugle,* plus rapide que le filet des gladiateurs, plus subtil que la foudre, plus raide qu'un cocher, plus lourd qu'une vache, plus sage qu'un élève tirant la langue sur des chiffres, plus gréé, plus voilé, plus ancré, plus bercé qu'un navire, plus incorruptible qu'un juge, plus vorace que les insectes, plus sanguinaire que les oiseaux, plus nocturne que l'œuf, plus ingénieux que les bourreaux d'Asie, plus fourbe que le cœur, plus désinvolte qu'une main qui triche, plus fatal que les astres, plus attentif que le serpent qui humecte sa proie de salive; je secrète, je tire de moi, je lâche, je dévide, je déroule, j'enroule de telle sorte qu'il me suffira de vouloir ces nœuds pour les faire et d'y penser pour les tendre ou pour les détendre; si mince qu'il t'échappe, si souple que tu t'imagineras être victime de quelque poison, si dur qu'une maladresse de ma part t'amputerait, si tendu qu'un archet obtiendrait entre nous une plainte céleste;* bouclé comme la mer, la colonne, la rose,* musclé comme la pieuvre, machiné* comme les décors du rêve, invisible surtout, invisible et majestueux comme la circulation du sang des statues, un fil qui te ligote avec la volubilité* des arabesques folles du miel qui tombe sur du miel.

Œ<small>DIPE</small>.   Lâchez-moi!

LE SPHINX.   Et je parle, je travaille, je dévide, je déroule,
je calcule, je médite, je tresse, je vanne, je tricote, je natte,
je croise, je passe, je repasse, je noue et dénoue et renoue,
retenant les moindres nœuds qu'il me faudra te dénouer
ensuite sous peine de mort; et je serre, je desserre, je me
trompe, je reviens sur mes pas, j'hésite, je corrige, enchevêtre, désenchevêtre,* délace, entrelace, repars;* et
j'ajuste, j'agglutine,* je garrotte, je sangle, j'entrave, j'ac-
cumule, jusqu'à ce que tu te sentes, de la pointe des pieds à
la racine des cheveux, vêtu de toutes les boucles d'un seul
reptile dont la moindre respiration coupe la tienne et te
rende pareil au bras inerte sur lequel un dormeur s'est
endormi.

ŒDIPE, *d'une voix faible.* Laissez-moi! Grâce...

LE SPHINX.   Et tu demanderais grâce et tu n'aurais pas à
en avoir honte, car tu ne serais pas le premier, et j'en ai
entendu de plus superbes appeler leur mère, et j'en ai vu de
plus insolents fondre en larmes, et les moins démonstratifs
étaient encore les plus faibles car ils s'évanouissaient en route,
et il me fallait imiter les embaumeurs entre les mains
desquels les morts sont des ivrognes qui ne savent même
plus se tenir debout!

ŒDIPE. Mérope!... Maman!

LE SPHINX.   Ensuite, je te commanderais d'avancer un
peu et je t'aiderais en desserrant tes jambes. Là! Et je
t'interrogerais. Je te demanderais par exemple: Quel est
l'animal qui marche sur quatre pattes le matin, sur deux
pattes à midi, sur trois pattes le soir? Et tu chercherais, tu
chercherais. A force de chercher, ton esprit se poserait sur
une petite médaille de ton enfance, ou tu répèterais un
chiffre, ou tu compterais les étoiles entre ces deux colonnes
détruites; et je te remettrais au fait en te dévoilant l'énigme.

Cet animal est l'homme, qui marche à quatre pattes lorsqu'il est enfant, sur deux pattes quand il est valide, et lorsqu'il est vieux, avec la troisième patte d'un bâton.

ŒDIPE. C'est trop bête!

LE SPHINX. Tu t'écrierais: C'est trop bête! Vous le dites tous. Alors puisque cette phrase confirme ton échec, j'appellerais Anubis, mon aide. Anubis!

Anubis paraît, les bras croisés, la tête de profil, debout à droite du socle.

ŒDIPE. Oh! Madame... Oh! Madame! Oh! non! non! non! non, Madame!

LE SPHINX. Et je te ferais mettre à genoux. Allons... Allons... là, là... Sois sage. Et tu courberais la tête... et l'Anubis s'élancerait. Il ouvrirait ses mâchoires de loup!
Œdipe pousse un cri.

J'ai dit: courberais... s'élancerait... ouvrirait... N'ai-je pas toujours eu soin de m'exprimer sur ce mode?* Pourquoi ce cri? Pourquoi cette face d'épouvante? C'était une démonstration, Œdipe, une simple démonstration. Tu es libre.

ŒDIPE. Libre!
Il remue un bras, une jambe... il se lève, il titube, il porte la main à sa tête.

ANUBIS. Pardon Sphinx. Cet homme ne peut sortir d'ici sans subir l'épreuve.

LE SPHINX. Mais...

ANUBIS. Interroge-le...

ŒDIPE. Mais...

ANUBIS. Silence! Interroge cet homme.
Un silence. Œdipe tourne le dos, immobile.

Le Sphinx. Je l'interrogerai… je l'interrogerai… C'est bon. (*Avec un dernier regard de surprise vers Anubis.*) Quel est l'animal qui marche sur quatre pattes le matin, sur deux pattes à midi, sur trois pattes le soir?

Œdipe. L'homme parbleu! qui se traîne à quatre pattes lorsqu'il est petit, qui marche sur deux pattes lorsqu'il est grand et qui, lorsqu'il est vieux, s'aide avec la troisième patte d'un bâton.

Le Sphinx roule sur le socle.

Œdipe, *prenant sa course vers la droite.* Vainqueur!
Il s'élance et sort par la droite. Le Sphinx glisse dans la colonne, disparaît derrière le mur, reparaît sans ailes.

Le Sphinx. Œdipe! Où est-il? Où est-il?

Anubis. Parti, envolé. Il court à perdre haleine proclamer sa victoire.

Le Sphinx. Sans un regard vers moi, sans un geste ému, sans un signe de reconnaissance.

Anubis. Vous attendiez-vous à une autre attitude?

Le Sphinx. L'imbécile! Il n'a donc rien compris.

Anubis. Rien compris.

Le Sphinx. Kss! Kss! Anubis… Tiens, tiens, regarde, cours vite, mords-le, Anubis, mords-le!

Anubis. Tout recommence. Vous revoilà femme et me revoilà chien.

Le Sphinx. Pardon. Je perds la tête, je suis folle. Mes mains tremblent. J'ai la fièvre, je voudrais le rejoindre d'un bond, lui cracher au visage, le griffer, le défigurer, le piétiner, l'écorcher vif!

Anubis. Je vous retrouve.

Le Sphinx. Aide-moi! Venge-moi! Ne reste pas immobile.

Anubis.   Vous détestez vraiment cet homme?

Le Sphinx.   Je le déteste.

Anubis.   S'il lui arrivait le pire, le pire vous paraîtrait encore trop doux?

Le Sphinx.   Trop doux.

Anubis.   *Il montre la robe du Sphinx.*   Regardez les plis de cette étoffe.* Pressez-les les uns contre les autres. Et maintenant, si vous traversez cette masse d'une épingle, si vous enlevez l'épingle, si vous lissez l'étoffe jusqu'à faire disparaître toute trace des anciens plis, pensez-vous qu'un nigaud de campagne puisse croire que les innombrables trous qui se répètent de distance en distance résultent d'un seul coup d'épingle?

Le Sphinx.   Certes non.

Anubis.   Le temps des hommes est de l'éternité pliée. Pour nous il n'existe pas. De sa naissance à sa mort la vie d'Œdipe s'étale, sous mes yeux, plate, avec sa suite d'épisodes.

Le Sphinx.   Parle, parle, Anubis, je brûle. Que vois-tu?

Anubis.   Jadis Jocaste et Laïus eurent un enfant. L'oracle ayant annoncé que cet enfant serait un fléau...

Le Sphinx.   Un fléau!

Anubis.   Un monstre, une bête immonde...

Le Sphinx.   Plus vite! plus vite!

Anubis.   Jocaste le ligota et l'envoya perdre sur la montagne. Un berger de Polybe le trouve, l'emporte et, comme Polybe et Mérope se lamentaient d'une couche stérile...

LE SPHINX. Je tremble de joie.

ANUBIS. Ils l'adoptent. Œdipe, fils de Laïus a tué Laïus au carrefour des trois routes.

LE SPHINX. Le vieillard!

ANUBIS. Fils de Jocaste, il épousera Jocaste.

LE SPHINX. Et moi qui lui disais: Elle pourrait être votre mère. Et il répondait: L'essentiel est qu'elle ne le soit pas. Anubis! Anubis! C'est trop beau, trop beau.

ANUBIS. Il aura deux fils qui s'entr'égorgeront, deux filles dont une se pendra. Jocaste se pendra...

LE SPHINX. Halte! Que pourrais-je espérer de plus? Songe, Anubis: les noces d'Œdipe et de Jocaste! Les noces du fils et de la mère... Et le saura-t-il vite?

ANUBIS. Assez vite.

LE SPHINX. Quelle minute! D'avance, avec délices je la savoure. Hélas! Je voudrais être là.

ANUBIS. Vous serez là.

LE SPHINX. Est-ce possible?

ANUBIS. Le moment est venu où j'estime nécessaire de vous rappeler qui vous êtes et quelle distance risible vous sépare de cette petite forme qui m'écoute. Vous qui avez assumé le rôle du Sphinx! Vous la Déesse des Déesses! Vous la grande entre les grandes! Vous l'implacable! Vous la Vengeance! Vous Némésis!*

Anubis se prosterne.

LE SPHINX. Némésis... (*Elle tourne le dos à la salle et reste un long moment raide, les bras en croix. Soudain elle sort de cette hypnose et s'élance vers le fond.*) Encore une fois, s'il est visible, je veux repaître ma haine, je veux le voir courir d'un piège dans un autre, comme un rat écervelé.

ANUBIS.   Est-ce le cri de la déesse qui se réveille ou de la
femme jalouse?

LE SPHINX.   De la déesse, Anubis, de la déesse.   Nos
dieux m'ont distribué le rôle de Sphinx, je saurai en être
digne.

ANUBIS.   Enfin!

*Le Sphinx domine la plaine, il se penche, il inspecte.   Tout
à coup il se retourne.   Les moindres traces de la grandeur furieuse
qui viennent de le transfigurer ont disparu.*

LE SPHINX.   Chien!   Tu m'avais menti.

ANUBIS.   Moi?

LE SPHINX.   Oui toi! menteur! menteur!   Regarde la
route.   Œdipe a rebroussé chemin, il court, il vole, il
m'aime, il a compris!

ANUBIS.   Vous savez fort bien, Madame, ce que vaut sa
réussite et pourquoi le Sphinx n'est pas mort.

LE SPHINX.   Vois-le qui saute de roche en roche comme
mon cœur saute dans ma poitrine.

ANUBIS.   Convaincu de son triomphe et de votre mort,
ce jeune étourneau vient de s'apercevoir que, dans sa hâte, il
oublie le principal.

LE SPHINX.   Misérable!   Tu prétends qu'il vient me
chercher morte.

ANUBIS.   Pas vous, ma petite furie, le Sphinx.   Il croit
avoir tué le Sphinx; il faut qu'il le prouve.   Thèbes ne se
contenterait pas d'une histoire de chasse.

LE SPHINX.   Tu mens!   Je lui dirai tout!   Je le prévien-
drai!   Je le sauverai.   Je le détournerai de Jocaste, de cette
ville maudite...

Anubis.   Prenez garde.

Le Sphinx.   Je parlerai.

Anubis.   Il entre.   Laissez-le parler avant.

Œdipe, essoufflé, entre par le premier plan à droite.   Il voit le Sphinx et Anubis debout, côte à côte.

Œdipe, *saluant.*   Je suis heureux, Madame, de voir la bonne santé dont les immortels jouissent après leur mort.

Le Sphinx.   Que revenez-vous faire en ces lieux?

Œdipe.   Chercher mon dû.
Mouvement de colère d'Anubis du côté d'Œdipe qui recule.

Le Sphinx.   Anubis!
D'un geste elle lui ordonne de la laisser seule.   Il s'écarte derrière les ruines.   A Œdipe.

Vous l'aurez.   Restez où vous êtes.   Le vaincu est une femme.   Il demande au vainqueur une dernière grâce.

Œdipe.   Excusez-moi d'être sur mes gardes.   Vous m'avez appris à me méfier de vos ruses féminines.

Le Sphinx.   J'étais le Sphinx!   Non, Œdipe...   Vous ramènerez ma dépouille à Thèbes et l'avenir vous récompensera... selon vos mérites.   Non...   Je vous demande simplement de me laisser disparaître derrière ce mur afin d'ôter ce corps dans lequel je me trouve, l'avouerais-je, depuis quelques minutes,... un peu à l'étroit.

Œdipe.   Soit!   Mais dépêchez-vous.   La dernière fanfare...   (*On entend les trompettes.*)   Tenez, j'en parle, elle sonne.   Il ne faudrait pas que je tarde.

Le Sphinx, *caché.*   Thèbes ne laissera pas à la porte un héros.

La Voix d'Anubis, *derrière les ruines.* Hâtez-vous. Hâtez-vous... Madame. On dirait que vous inventez des prétextes et que vous traînez exprès.

Le Sphinx, *caché.* Suis-je la première, Dieu des morts, que tu doives tirer par sa robe?

Œdipe. Vous gagnez du temps, Sphinx.

Le Sphinx, *caché.* N'en accusez que votre chance, Œdipe. Ma hâte vous eût joué un mauvais tour. Car une grave difficulté se présente. Si vous rapportez à Thèbes le cadavre d'une jeune fille, en place du monstre auquel les hommes s'attendent, la foule vous lapidera.

Œdipe. C'est juste! Les femmes sont étonnantes; elles pensent à tout.

Le Sphinx, *caché.* Ils m'appellent: La vierge à griffes... La chienne qui chante... Ils veulent reconnaître mes crocs. Ne vous inquiétez pas. Anubis! Mon chien fidèle! Ecoute, puisque nos figures ne sont que des ombres, il me faut ta tête de chacal.

Œdipe. Excellent!

Anubis, *caché.* Faites ce qu'il vous plaira pourvu que cette honteuse comédie finisse, et que vous puissiez revenir à vous.

Le Sphinx, *caché.* Je ne serai pas longue.

Œdipe. Je compte jusqu'à cinquante comme tout à l'heure. C'est ma revanche.

Anubis, *caché.* Madame, Madame, qu'attendez-vous encore?

Le Sphinx. Me voilà laide Anubis. Je suis un monstre!... Pauvre gamin... si je l'effraye...

Anubis. Il ne vous verra même pas, soyez tranquille.

LE SPHINX. Est-il donc aveugle?

ANUBIS. Beaucoup d'hommes naissent aveugles et ils ne s'en aperçoivent que le jour où une bonne vérité leur crève les yeux.

ŒDIPE. Cinquante!

ANUBIS, *caché.* Allez... Allez...

LE SPHINX, *caché.* Adieu Sphinx!

On voit sortir de derrière le mur, en chancelant, la jeune fille à tête de chacal. Elle bat l'air de ses bras et tombe.

ŒDIPE. Il était temps! (*Il s'élance, ne regarde même pas, ramasse le corps et se campe au premier plan à gauche. Il porte le corps en face de lui, à bras tendus.*) Pas ainsi! Je ressemblerais à ce tragédien de Corinthe* que j'ai vu jouer un roi et porter le corps de son fils. La pose était pompeuse et n'émouvait personne.
Il essaye de tenir le corps sous son bras gauche; derrière les ruines, sur le monticule, apparaissent deux formes géantes couvertes de voiles irisés: les dieux.

ŒDIPE. Non! Je serais ridicule. On dirait un chasseur qui rentre bredouille après avoir tué son chien.

ANUBIS. *La forme de droite.* Pour que les derniers miasmes humains abandonnent votre corps de déesse, sans doute serait-il bon que cet Œdipe vous désinfecte en se décernant au moins un titre de demi-dieu.

NÉMÉSIS. *La forme de gauche.* Il est si jeune...

ŒDIPE. Hercule! Hercule jeta le lion sur son épaule!... (*Il charge le corps sur son épaule.*) Oui, sur mon épaule! Sur mon épaule! Comme un demi-dieu!

ANUBIS, *voilé.* Il est for-mi-dable.

ŒDIPE, *se met en marche vers la droite, faisant deux pas après chacune de ses actions de grâces.* J'ai tué la bête immonde.

NÉMÉSIS, *voilée.* Anubis... Je me sens très mal à l'aise.

ANUBIS. Il faut partir.

ŒDIPE. J'ai sauvé la ville!

ANUBIS. Allons, venez, venez, Madame.

ŒDIPE. J'épouserai la reine Jocaste!

NÉMÉSIS, *voilée.* Les pauvres, pauvres, pauvres hommes... Je n'en peux plus, Anubis... J'étouffe. Quittons la terre.

ŒDIPE. Je serai roi!

Une rumeur enveloppe les deux grandes formes. Les voiles volent autour d'elles. Le jour se lève. On entend des coqs.

ACTE III

LA NUIT DE NOCES

LA VOIX

Depuis l'aube, les fêtes du couronnement et des noces se succèdent. La foule vient d'acclamer une dernière fois la Reine et le vainqueur du Sphinx.

Chacun rentre chez soi. On n'entend plus, sur la petite place du palais royal, que le bruit d'une fontaine. Œdipe et Jocaste se trouvent enfin tête à tête dans la chambre nuptiale. Ils dorment debout, et, malgré quelque signe d'intelligence et de politesse du destin, le sommeil les empêchera de voir la trappe qui se ferme sur eux pour toujours.

ACTE III

LA NUIT DE NOCES

L'estrade représente la chambre de Jocaste, rouge comme une petite boucherie au milieu des architectures de la ville. Un large lit couvert de fourrures blanches. Au pied du lit une peau de bête. A gauche du lit, un berceau.

Au premier plan gauche, une baie grillagée donne sur une place de Thèbes. Au premier plan droite un miroir mobile de taille humaine.

Œdipe et Jocaste portent les costumes du couronnement. Dès le lever du rideau ils se meuvent dans le ralenti d'une extrême fatigue.

JOCASTE. Ouf! je suis morte! tu es tellement actif! J'ai peur que cette chambre te devienne une cage, une prison.

ŒDIPE. Mon cher amour! Une chambre de femme! Une chambre qui embaume, ta chambre! Après cette journée éreintante, après ces cortèges, ce cérémonial, cette foule qui continuait encore à nous acclamer sous nos fenêtres...

JOCASTE. Pas à nous acclamer... à t'acclamer, toi.

ŒDIPE. C'est pareil.

JOCASTE. Il faut être véridique, petit vainqueur. Ils me détestent. Mes robes les agacent, mon accent les agace mon noir aux yeux les agace, mon rouge aux lèvres les agace, ma vivacité les agace.

ŒDIPE.   Créon les agace! Créon le sec, le dur, l'inhumain. Je relèverai ton prestige. Ah! Jocaste, quel beau programme!

JOCASTE.   Il était temps que tu viennes, je n'en peux plus.

ŒDIPE.   Ta chambre, une prison! ta chambre... et notre lit.

JOCASTE.   Veux-tu que j'ôte le berceau?   Depuis la mort de l'enfant, il me le fallait près de moi, je ne pouvais pas dormir... j'étais trop seule...   Mais maintenant...

ŒDIPE, *d'une voix confuse*.   Mais maintenant...

JOCASTE.   Que dis-tu?

ŒDIPE.   Je dis... je dis... que c'est lui... lui... le chien... je veux dire... le chien qui refuse... le chien... le chien fontaine...

Sa tête tombe.

JOCASTE.   Œdipe! Œdipe!

ŒDIPE, *réveillé en sursaut*.   Hein?

JOCASTE.   Tu t'endormais!

ŒDIPE.   Moi? pas du tout.

JOCASTE.   Si.   Tu me parlais de chien, de chien qui refuse, de chien fontaine; et moi je t'écoutais.

Elle rit et semble, elle-même, tomber dans le vague.

ŒDIPE.   C'est absurde!

JOCASTE.   Je te demande si tu veux que j'ôte le berceau, s'il te gêne...

Œdipe. Suis-je un gamin pour craindre ce joli fantôme de mousseline? Au contraire il sera le berceau de ma chance. Ma chance y grandira près de notre amour, jusqu'à ce qu'il serve à notre premier fils. Alors!...

Jocaste. Mon pauvre adoré... Tu meurs de fatigue et nous restons là... debout (*même jeu qu'Œdipe*), debout sur ce mur...

Œdipe. Quel mur?

Jocaste. Ce mur de ronde.* (*Elle sursaute.*) Un mur... Hein? Je... je... (*Hagarde.*) Qu'y a-t-il?

Œdipe, *riant*. Eh bien! cette fois c'est toi qui rêves. Nous dormons debout, ma pauvre chérie.

Jocaste. J'ai dormi? J'ai parlé?

Œdipe. Je te parle de chien fontaine, tu me parles de mur de ronde: voilà notre nuit de noces. Écoute Jocaste, je te supplie (tu m'écoutes?) s'il m'arrive de m'endormir encore, je te supplie de me réveiller, de me secouer, et si tu t'endors, je ferai de même. Il ne faut pas que cette nuit unique sombre dans le sommeil. Ce serait trop triste.

Jocaste. Fou bien-aimé, pourquoi? Nous avons toute la vie.

Œdipe. C'est possible, mais je ne veux pas que le sommeil me gâche le prodige de passer cette nuit de fête profondément seul avec toi. Je propose d'ôter ces étoffes si lourdes et puisque nous n'attendons personne...

Jocaste. Écoute, mon garçon chéri, tu vas te fâcher...

Œdipe. Jocaste! ne me dis pas qu'il reste encore quelque chose d'officiel au programme.

Jocaste. Pendant que mes femmes me coiffent, l'étiquette exige que tu reçoives une visite.

Œdipe.   Une visite! à des heures pareilles!

Jocaste.   Une visite... une visite...   Une visite de pure forme.

Œdipe.   Dans cette chambre?

Jocaste.   Dans cette chambre.

Œdipe.   Et de qui cette visite?

Jocaste.   Ne te fâche pas.   De Tirésias.

Œdipe.   Tirésias?   Je refuse!

Jocaste.   Ecoute...

Œdipe.   C'est le comble!   Tirésias dans le rôle de la famille qui prodigue les derniers conseils.   Laisse-moi rire et refuser la visite de Tirésias.

Jocaste.   Mon petit fou, je te le demande.   C'est une vieille coutume de Thèbes que le grand prêtre consacre en quelque sorte l'union des souverains.   Et puis Tirésias est notre vieil oncle, notre chien de garde.   Je l'aime beaucoup, Œdipe, et Laïus l'adorait; il est presque aveugle.   Il serait maladroit de le blesser et de le mettre contre notre amour.

Œdipe.   C'est égal... en pleine nuit...

Jocaste.   Fais-le.   Fais-le pour nous et pour l'avenir. C'est capital.   Vois-le cinq minutes, mais vois-le, écoute-le. Je te le demande.

Elle l'embrasse.

Œdipe.   Je te préviens que je ne le laisserai pas s'asseoir.

Jocaste.   Je t'aime. (*Long baiser.*) Je ne serai pas longue. (*A la sortie de gauche.*) Je vais le faire prévenir

que la place est libre.   Patience.   Fais-le pour moi.   Pense
à moi.   *Elle sort.*

*Œdipe, resté seul, se regarde dans le miroir et prend des poses.
Tirésias entre par la droite sans être entendu.   Œdipe le voit au
milieu de la chambre et se retourne d'un bloc.*

ŒDIPE.   Je vous écoute.

TIRÉSIAS.   Halte-là, Monseigneur, qui vous a dit que je
vous réservais un sermon?

ŒDIPE.   Personne, Tirésias, personne.   Simplement, je
ne suppose pas qu'il vous soit agréable de jouer les trouble-
fête.   Sans doute attendez-vous que je feigne* d'avoir reçu
vos conseils.   Je m'inclinerai, vous me bénirez et nous
nous donnerons l'accolade.   Notre fatigue y trouvera son
compte en même temps que les usages.   Ai-je deviné juste?

TIRÉSIAS.   Peut-être est-il exact qu'il y ait à la base de
cette démarche une sorte de coutume, mais il faudrait pour
cela un mariage royal avec tout ce qu'il comporte de
dynastique, de mécanique et, l'avouerai-je, de fastidieux.
Non, Monseigneur.   Les événements imprévisibles nous
mettent en face de problèmes et de devoirs nouveaux.   Et
vous conviendrez que votre sacre, que votre mariage, se
présentent sous une forme difficile à classer, impropre à
ranger dans un code.

ŒDIPE.   On ne saurait dire avec plus de grâce que je
tombe sur la tête de Thèbes comme une tuile tombe d'un
toit.

TIRÉSIAS.   Monseigneur!

ŒDIPE.   Apprenez que tout ce qui se classe empeste la
mort.*   Il faut se déclasser Tirésias, sortir du rang.   C'est
le signe des chefs-d'œuvre et des héros.   Un déclassé, voilà
ce qui étonne et ce qui règne.*

Tirésias. Soit, admettez alors qu'en assumant un rôle qui déborde le protocole, je me déclasse à mon tour.

Œdipe. Au but, Tirésias, au but.

Tirésias. J'irai donc au but et je parlerai en toute franchise. Monseigneur, les présages vous sont funestes, très funestes. Je devais vous mettre en garde.

Œdipe. Parbleu! Je m'y attendais. Le contraire m'eût étonné. Ce n'est pas la première fois que les oracles s'acharnent contre moi et que mon audace les déjoue.

Tirésias. Croyez-vous qu'on puisse les déjouer?

Œdipe. J'en suis la preuve. Et même si mon mariage dérange les Dieux, que faites-vous de vos promesses, de votre délivrance, de la mort du Sphinx! et pourquoi les Dieux m'ont-ils poussé jusqu'à cette chambre, si ces noces leur déplaisent?

Tirésias. Prétendez-vous résoudre en une minute le problème du libre arbitre? Hélas! Hélas! le pouvoir vous grise.

Œdipe. Le pouvoir vous échappe.

Tirésias. Vous parlez au pontife, prenez garde!

Œdipe. Prenez garde, pontife. Dois-je vous faire souvenir que vous parlez à votre roi?

Tirésias. Au mari de ma reine, Monseigneur.

Œdipe. Jocaste m'a signifié tout à l'heure que son pouvoir passait absolu entre mes mains. Dites-le à votre maître.*

Tirésias. Je ne sers que les Dieux.

Œdipe. Enfin, si vous préférez cette formule, à celui qui guette votre retour.

Tirésias. Jeunesse bouillante! vous m'avez mal compris.

ŒDIPE. J'ai fort bien compris qu'un aventurier vous gêne. Sans doute espérez-vous que j'ai trouvé le Sphinx mort sur ma route. Le vrai vainqueur a dû me le vendre comme à ces chasseurs qui achètent le lièvre au braconnier. Et si j'ai payé la dépouille, que découvrirez-vous en fin de compte, comme vainqueur du Sphinx? Ce qui vous menaçait chaque minute et ce qui empêchait Créon de dormir: un pauvre soldat de seconde classe que la foule porterait en triomphe et qui réclamerait son dû... (criant) son dû!*

TIRÉSIAS. Il n'oserait pas.

ŒDIPE. Enfin! Je vous l'ai fait dire. Le voilà le mot de la farce. Les voilà vos belles promesses. Voilà donc sur quoi vous comptiez.

TIRÉSIAS. La reine est plus que ma propre fille. Je dois la surveiller et la défendre. Elle est faible, crédule, romanesque...

ŒDIPE. Vous l'insultez, ma parole.

TIRÉSIAS. Je l'aime.

ŒDIPE. Elle n'a plus besoin que de mon amour.

TIRÉSIAS. C'est au sujet de cet amour, Œdipe, que j'exige une explication. Aimez-vous la reine?

ŒDIPE. De toute mon âme.

TIRÉSIAS. J'entends: Aimez-vous la prendre dans vos bras?

ŒDIPE. J'aime surtout qu'elle me prenne dans les siens.*

TIRÉSIAS. Je vous sais gré de cette nuance. Vous êtes jeune, Œdipe, très jeune. Jocaste pourrait être votre mère. Je sais, je sais, vous allez me répondre...

ŒDIPE. Je vais vous répondre que j'ai toujours rêvé d'un amour de ce genre, d'un amour presque maternel.

TIRÉSIAS. Œdipe, ne confondez-vous pas la gloire et l'amour ? Aimeriez-vous Jocaste si elle ne régnait pas ?

ŒDIPE. Question stupide et cent fois posée. Jocaste m'aimerait-elle si j'étais vieux, laid, si je ne sortais pas de l'inconnu ? Croyez-vous qu'on ne puisse prendre le mal d'amour en touchant l'or et la pourpre ? Les privilèges dont vous parlez ne sont-ils pas la substance même de Jocaste et si étroitement enchevêtrés à ses organes qu'on ne puisse les désunir. De toute éternité nous appartenions l'un à l'autre. Je l'aime, je l'adore, Tirésias ; auprès d'elle il me semble que j'occupe enfin ma vraie place. C'est ma femme, c'est ma reine. Je l'ai, je la garde, je la retrouve, et ni par les prières ni par les menaces, vous n'obtiendrez que j'obéisse à des ordres venus je ne sais d'où.

TIRÉSIAS. Réfléchissez encore, Œdipe. Les présages et ma propre sagesse me donnent tout à craindre de ces noces extravagantes ; réfléchissez.

ŒDIPE. Il serait un peu tard.

TIRÉSIAS. Avez-vous l'expérience des femmes ?

ŒDIPE. Pas la moindre. Et même je vais porter votre surprise à son comble et me couvrir de ridicule à vos yeux : je suis vierge !

TIRÉSIAS. Vous !

ŒDIPE. Le pontife d'une capitale s'étonne qu'un jeune campagnard mette son orgueil à se garder pur pour une offrande unique. Vous eussiez préféré pour la reine un prince dégénéré, un pantin dont Créon et les prêtres tireraient les ficelles.

TIRÉSIAS. C'en est trop !

ŒDIPE. Encore une fois, je vous ordonne...

TIRÉSIAS.   Ordonne?   L'orgueil vous rend-il fou!

ŒDIPE.   Ne me mettez pas en colère.   Je suis à bout de patience, irascible, capable de n'importe quel acte irréfléchi.

TIRÉSIAS.   Orgueilleux!...   Faible et orgueilleux.

ŒDIPE.   Vous l'aurez voulu.
           Il se jette sur Tirésias les mains autour de son cou.

TIRÉSIAS.   Laissez-moi...   N'avez-vous pas honte?...

ŒDIPE.   Vous craignez que sur votre face, là, là, de tout près et dans vos yeux d'aveugle, je lise la vraie vérité de votre conduite.

TIRÉSIAS.   Assassin!   Sacrilège!

ŒDIPE.   Assassin! je devrais l'être...   J'aurai sans doute un jour à me repentir d'un respect absurde et si j'osais... Oh! oh! mais!   Dieux! ici... ici... dans ses yeux d'aveugle, je ne savais pas que ce fût possible.

TIRÉSIAS.   Lâchez-moi!   Brute!

ŒDIPE.   L'avenir! mon avenir, comme dans une boule de cristal.

TIRÉSIAS.   Vous vous repentirez...

ŒDIPE.   Je vois, je vois...   Tu as menti, devin!   J'épouserai Jocaste...   Une vie heureuse, riche, prospère, deux fils... des filles... et Jocaste toujours aussi belle, toujours la même, une amoureuse, une mère dans un palais de bonheur...   Je vois mal, je vois mal, je veux voir!   C'est ta faute, devin...   Je veux voir!

                                            Il le secoue.
TIRÉSIAS.   Maudit!

ŒDIPE, *se rejetant brusquement en arrière, lâchant Tirésias et les mains sur les yeux.*   Ah! sale bête! Je suis aveugle.   Il m'a lancé du poivre.   Jocaste! au secours! au secours!...

TIRÉSIAS. Je n'ai rien lancé. Je le jure. Vous êtes puni de votre sacrilège.

ŒDIPE. *Il se roule par terre.* Tu mens!

TIRÉSIAS. Vous avez voulu lire de force ce que contiennent mes yeux malades, ce que moi-même je n'ai pas déchiffré encore, et vous êtes puni.

ŒDIPE. De l'eau, de l'eau, vite, je brûle...

TIRÉSIAS. *Il lui impose les mains sur le visage.* Là, là. Soyez sage... je vous pardonne. Vous êtes nerveux. Restez tranquille par exemple.* Vous y verrez* je vous le jure. Sans doute êtes-vous arrivé à un point que les Dieux veulent garder obscur ou bien vous punissent-ils de votre impudence.

ŒDIPE. J'y vois un peu... on dirait.

TIRÉSIAS. Souffrez-vous?

ŒDIPE. Moins... la douleur se calme. Ah!... c'était du feu, du poivre rouge, mille épingles, une patte de chat qui me fouillait l'œil. Merci...

TIRÉSIAS. Voyez-vous?

ŒDIPE. Mal, mais je vois, je vois. Ouf! J'ai bien cru que j'étais aveugle et que c'était un tour de votre façon. Je l'avais mérité, du reste.

TIRÉSIAS. Il fait beau croire aux prodiges lorsque les prodiges nous arrangent et lorsque les prodiges nous dérangent, il fait beau ne plus y croire et que c'est un artifice du devin.

ŒDIPE. Pardonnez-moi. Je suis de caractère emporté, vindicatif. J'aime Jocaste; je l'attendais, je m'impatientais, et ce phénomène inconnu, toutes ces images de l'avenir dans vos prunelles me fascinaient, m'affolaient; j'étais comme ivre.

TIRÉSIAS.   Y voyez-vous clair?   C'est presque un aveugle qui vous le demande.

ŒDIPE.   Tout à fait et je ne souffre plus.   J'ai honte, ma foi, de ma conduite envers un infirme et un prêtre.   Voulez-vous accepter mes excuses?

TIRÉSIAS.   Je ne parlais que pour le bien de Jocaste et pour votre bien.

ŒDIPE.   Tirésias, je vous dois en quelque sorte une revanche, un aveu qui m'est dur et que je m'étais promis de ne faire à personne.

TIRÉSIAS.   Un aveu?

ŒDIPE.   J'ai remarqué au cours de la cérémonie du sacre des signes d'intelligence entre vous et Créon.   Ne niez pas. Voilà.   Je désirais tenir mon identité secrète; j'y renonce, Ouvrez vos oreilles, Tirésias.   Je ne suis pas un vagabond. J'arrive de Corinthe.   Je suis l'enfant unique du roi Polybe et de la reine Mérope.   Un inconnu ne souillera pas cette couche.   Je suis roi et fils de roi.

TIRÉSIAS.   Monseigneur.   (*Il s'incline.*)   Il était si simple de dissiper d'une phrase le malaise de votre incognito.*   Ma petite fille sera si contente…

ŒDIPE.   Halte! je vous demande en grâce de sauvegarder au moins cette dernière nuit.   Jocaste aime encore en moi le vagabond tombé du ciel, le jeune homme surgi de l'ombre. Demain, hélas, on aura vite fait de détruire ce mirage. Entre temps, je souhaite que la reine me devienne assez soumise pour apprendre sans dégoût qu'Œdipe n'est pas un prince de lune,* mais un pauvre prince tout court.

Je vous souhaite le bonsoir, Tirésias.   Jocaste ne tardera plus.   Je tombe de fatigue… et nous voulons rester tête à tête.   C'est notre bon plaisir.

TIRÉSIAS. Monseigneur, je m'excuse. (*Œdipe lui fait un signe de la main. A la sortie de droite Tirésias s'arrête.*) Un dernier mot.

ŒDIPE, *avec hauteur.* Plaît-il?

TIRÉSIAS. Pardonnez mon audace. Ce soir, après la fermeture du temple, une belle jeune fille entra dans l'oratoire où je travaille et, sans s'excuser, me tendit cette ceinture en disant: «Remettez-la au seigneur Œdipe et répétez-lui textuellement cette phrase: Prenez cette ceinture elle vous permettra de venir jusqu'à moi lorsque j'aurai tué la bête.» A peine avais-je empoché la ceinture que la jeune fille éclata de rire et disparut sans que je puisse comprendre par où.

ŒDIPE. *Il lui arrache la ceinture.* Et c'était votre dernière carte. Déjà vous échafaudiez tout un système pour me perdre dans l'esprit et dans le cœur de la reine. Que sais-je? Une promesse antérieure de mariage... Une jeune fille qui se venge... Le scandale du temple... l'objet révélateur...

TIRÉSIAS. Je m'acquitte d'une commission. Voilà tout.

ŒDIPE. Faute de calcul, méchante politique.* Allez... portez en hâte ces mauvaises nouvelles au prince Créon.

Tirésias reste sur le seuil.

Il comptait me faire peur! Et c'est moi qui vous fais peur en vérité, Tirésias, moi qui vous effraye. Je le vois écrit en grosses lettres sur votre visage. L'enfant n'était pas si facile à terroriser. Dites que c'est l'enfant qui vous effraye, grand-père? Avouez, grand-père! Avouez que je vous effraye! Avouez donc que je vous fais peur!

*Œdipe est à plat ventre sur la peau de bête. Tirésias, debout, comme en bronze. Un silence. Le tonnerre.**

Tirésias.   Oui.   Très peur.

Il sort à reculons.   On entend sa voix qui vaticine.

Œdipe! Œdipe! écoutez-moi.   Vous poursuivez une gloire classique.   Il en existe une autre: la gloire obscure. C'est la dernière ressource de l'orgueilleux qui s'obstine contre les astres.

Œdipe resté regarde la ceinture.   Lorsque Jocaste entre, en robe de nuit, il cache vite la ceinture sous la peau de bête.

Jocaste.   Eh bien?   Qu'a dit le croquemitaine?   Il a dû te torturer.

Œdipe.   Oui... non...

Jocaste.   C'est un monstre.   Il a dû te démontrer que tu étais trop jeune pour moi.

Œdipe.   Tu es belle, Jocaste!...

Jocaste.   ...Que j'étais vieille.

Œdipe.   Il m'a plutôt laissé entendre que j'aimais tes perles, ton diadème.

Jocaste.   Toujours abîmer tout!*   Gâcher tout!   Faire du mal!

Œdipe.   Il n'a pas réussi à m'effrayer, sois tranquille. Au contraire, c'est moi qui l'effraye.   Il en a convenu.

Jocaste.   C'est bien fait!   Mon amour!   Toi, mes perles, mon diadème.

Œdipe.   Je suis heureux de te revoir sans aucune pompe, sans tes bijoux, sans tes ordres, simple, blanche, jeune, belle, dans notre chambre d'amour.

Jocaste.   Jeune! Œdipe...   Il ne faut pas de mensonges...

Œdipe.   Encore...

Jocaste.   Ne me gronde pas.

ŒDIPE. Si, je te gronde! Je te gronde, parce qu'une femme telle que toi devrait être au-dessus de ces bêtises. Un visage de jeune fille, c'est l'ennui d'une page blanche où mes yeux ne peuvent rien lire d'émouvant; tandis que ton visage! Il me faut les cicatrices, les tatouages du destin, une beauté qui sorte des tempêtes. Tu redoutes la patte d'oie, Jocaste! Que vaudrait un regard, un sourire de petite oie, auprès de ta figure étonnante, sacrée, giflée par le sort, marquée par le bourreau, et tendre, tendre et... (*Il s'aper-çoit que Jocaste pleure.*) Jocaste! ma petite fille!* tu pleures! Mais qu'est-ce qu'il y a?... Allons, bon... Qu'est-ce que j'ai fait? Jocaste!...

JOCASTE. Suis-je donc si vieille... si vieille?

ŒDIPE. Chère folle! C'est toi qui t'acharnes...

JOCASTE. Les femmes disent ces choses pour qu'on les contredise. Elles espèrent toujours que ce n'est pas vrai.

ŒDIPE. Ma Jocaste!... Et moi stupide! Quel ours infect... Ma chérie... Calme-toi, embrasse-moi... J'ai voulu dire...

JOCASTE. Laisse... Je suis grotesque.

Elle se sèche les yeux.

ŒDIPE. C'est ma faute.

JOCASTE. Ce n'est pas ta faute... Là... j'ai du noir dans l'œil, maintenant. (*Œdipe la cajole.*) C'est fini.

ŒDIPE. Vite un sourire. (*Léger roulement de tonnerre.*) Ecoute...

JOCASTE. Je suis nerveuse à cause de l'orage.

ŒDIPE. Le ciel est si étoilé, si pur.

JOCASTE. Oui, mais il y a de l'orage quelque part. Quand la fontaine fait une espèce de bruit comme du silence, et que j'ai mal à l'épaule, il y a de l'orage et des éclairs de chaleur.

Elle s'appuie contre la baie.   Eclair de chaleur.

ŒDIPE.   Viens, viens vite…

JOCASTE.   Œdipe!… viens une minute.

ŒDIPE.   Qu'y a-t-il?…

JOCASTE.   Le factionnaire… regarde, penche-toi.   Sur le banc, à droite, il dort.   Tu ne trouves pas qu'il est beau, ce garçon, avec sa bouche ouverte?

ŒDIPE.   Je vais lui apprendre à dormir en jetant de l'eau dans sa bouche ouverte!

JOCASTE.   Œdipe!

ŒDIPE.   On ne dort pas quand on garde sa reine.

JOCASTE.   Le Sphinx est mort et tu vis.   Qu'il dorme en paix!   Que toute la ville dorme en paix.   Qu'ils dorment tous!

ŒDIPE.   Ce factionnaire a de la chance.

JOCASTE.   Œdipe! Œdipe! J'aimerais te rendre jaloux, mais ce n'est pas cela…   Ce jeune garde…

ŒDIPE.   Qu'a-t-il donc de si particulier, ce jeune garde?

JOCASTE.   Pendant la fameuse nuit, la nuit du Sphinx, pendant que tu rencontrais la bête, j'avais fait une escapade sur les remparts, avec Tirésias.   On m'avait dit qu'un soldat avait vu le spectre de Laïus et que Laïus m'appelait, voulait me prévenir d'un danger qui me menace.   Eh bien… le soldat, était justement cette sentinelle qui nous garde.

ŒDIPE.   Qui nous garde!…   Au reste… qu'il dorme en paix, bonne Jocaste. Je te garderai bien tout seul. Naturellement pas le moindre spectre de Laïus.

JOCASTE.   Pas le moindre, hélas!...   Le pauvret! je lui touchais les épaules, les jambes, je disais à Zizi «touche, touche», j'étais bouleversée... parce qu'il te ressemblait. Et c'est vrai qu'il te ressemble, Œdipe.

ŒDIPE.   Tu dis: ce garde te ressemblait.   Mais, Jocaste, tu ne me connaissais pas encore; il était impossible que tu saches, que tu devines...

JOCASTE.   C'est vrai, ma foi.   Sans doute ai-je voulu dire que mon fils aurait presque son âge.   (*Silence.*)   Oui... j'embrouille.   C'est seulement maintenant que cette res- semblance me saute aux yeux.   (*Elle secoue ce malaise.*)   Tu es bon, tu es beau, je t'aime.   (*Après une pause.*)   Œdipe!

ŒDIPE.   Ma déesse?

JOCASTE.   A Créon, à Zizi, à tous, j'approuve que tu refuses de raconter ta victoire (*les bras autour de son cou*) mais à moi... à moi!

ŒDIPE, *se dégageant.*   J'avais ta promesse!...   Et sans ce garçon...

JOCASTE.   La Jocaste d'hier est-elle ta Jocaste de main- tenant?   N'ai-je pas le droit de partager tes souvenirs sans que personne d'autre s'en doute?

ŒDIPE.   Certes.

JOCASTE.   Et souviens-toi, tu répétais: non, non, Jocaste, plus tard, plus tard, lorsque nous serons dans notre chambre d'amour.   Eh bien? sommes-nous dans notre chambre d'amour...

ŒDIPE.   Entêtée!   Sorcière!   Elle arrive toujours à ce qu'elle veut.   Alors ne bouge plus... je commence.

JOCASTE.   Oh!   Œdipe!   Œdipe!   Quelle chance!
Quelle chance! je ne bouge plus.

*Jocaste se couche, ferme les yeux et ne bouge plus. Œdipe
ment, il invente, hésite, accompagné par l'orage.*

ŒDIPE.   Voilà.   J'approchais de Thèbes.   Je suivais le
sentier de chèvres qui longe la colline, au sud de la ville.   Je
pensais à l'avenir, à toi, que j'imaginais, moins belle que tu
n'es en réalité, mais très belle, très peinte* et assise sur un
trône au centre d'un groupe de dames d'honneur.   Admettons que je le tue,* pensai-je, Œdipe oserait-il accepter
la récompense promise?   Oserai-je approcher la reine?...
Et je marchais, et je me tourmentais, et tout à coup je fis
halte.   Mon cœur sautait dans ma poitrine.   Je venais
d'entendre une sorte de chant.   La voix qui chantait n'était
pas de ce monde.   Était-ce le Sphinx?   Mon sac de route*
contenait un couteau.   Je glissai ce couteau sous ma tunique
et je rampai.

Connais-tu, sur la colline, les restes d'un petit temple avec
un socle et la croupe d'une chimère?   *Silence.*

Jocaste...   Jocaste...   Tu dors?...

JOCASTE, *réveillée en sursaut.*   Hein?   Œdipe...

ŒDIPE.   Tu dormais.

JOCASTE.   Mais non.

ŒDIPE.   Mais si!   En voilà une petite fille capricieuse
qui exige qu'on lui raconte des histoires et qui s'endort au
lieu de les écouter.

JOCASTE.   J'ai tout entendu.   Tu te trompes.   Tu parlais
d'un sentier de chèvres.

ŒDIPE.   Il était loin le sentier de chèvres!...

JOCASTE.   Mon chéri, ne te vexe pas.   Tu m'en veux?...

ŒDIPE.   Moi?

JOCASTE.   Si! tu m'en veux et c'est justice.   Triple sotte!
Voilà l'âge et ses tours!*

ŒDIPE.   Ne t'attriste pas.   Je recommencerai le récit, je
te le jure, mais il faut toi et moi nous étendre côte à côte et
dormir un peu.   Ensuite, nous serions sortis de cette glu et
de cette lutte contre le sommeil qui abîme tout.   Le premier
réveillé réveillera l'autre.   C'est promis?

JOCASTE.   C'est promis.   Les pauvres reines savent
dormir, assises, une minute, entre deux audiences.   Seulement donne-moi ta main.   Je suis trop vieille.   Tirésias
avait raison.

ŒDIPE.   Peut-être pour Thèbes où les jeunes filles sont
nubiles à treize ans.   Et moi alors?   Suis-je un vieillard?
Ma tête tombe; c'est mon menton qui me réveille en
heurtant ma poitrine.

JOCASTE.   Toi, ce n'est pas pareil, c'est le marchand de
sable comme disent les petits!   Mais moi?   Tu me commençais enfin la plus belle histoire du monde et je somnole
comme une grand'mère au coin du feu.   Et tu me puniras
en ne recommençant plus, en trouvant des prétextes...   J'ai
parlé?

ŒDIPE.   Parlé?   Non, non.   Je te croyais attentive.
Méchante!   As-tu des secrets que tu craignes de me livrer
pendant ton sommeil?

JOCASTE.   Je craignais simplement ces phrases absurdes
qu'il nous arrive de prononcer endormis.

ŒDIPE.   Tu reposais, sage comme une image.   A tout
de suite, ma petit reine.

JOCASTE.   A tout de suite, mon roi, mon amour.

La main dans la main, côte à côte, ils ferment les yeux et tombent dans le sommeil écrasant des personnes qui luttent contre le sommeil.   Un temps.   La fontaine monologue.   Léger tonnerre.   Tout à coup l'éclairage devient un éclairage de songe. C'est le songe d'Œdipe.   La peau de bête se soulève.   Elle coiffe l'Anubis qui se dresse.   Il montre la ceinture au bout de son bras tendu.   Œdipe s'agite, se retourne.

ANUBIS, *d'une voix lente, moqueuse.*   J'ai fait, grâce à ma triste enfance, des études qui me procurent bien des avantages sur les garnements de Thèbes et je ne pense pas que le monstre naïf s'attende à se trouver face à face avec l'élève des meilleurs lettrés de Corinthe.   Mais si vous m'avez joué un tour, je vous tirerai par les cheveux.   (*Jusqu'au hurlement.*) Je vous tirerai par les cheveux, je vous tirerai par les cheveux, je vous pincerai jusqu'au sang!... je vous pincerai jusqu'au sang!...

JOCASTE.   *Elle rêve.*   Non, pas cette pâte,* pas cette pâte immonde...

ŒDIPE, *d'une voix sourde, lointaine.*   Je compte jusqu'à cinquante: un, deux, trois, quatre, huit, sept, neuf, dix, dix, onze, quatorze, cinq, deux, quatre, sept, quinze, quinze, quinze, quinze, trois, quatre...

ANUBIS.   Et l'Anubis s'élancerait.   Il ouvrirait ses mâchoires de loup!

Il s'évanouit sous l'estrade.   La peau de bête reprend son aspect normal.

ŒDIPE.   A l'aide!   Au secours! au secours! à moi. Venez tous! à moi!

JOCASTE.   Hein?   Qu'y a-t-il?   Œdipe! mon chéri!   Je dormais comme une masse!*   Réveille-toi!

Elle le secoue.

ŒDIPE, *se débattant et parlant au Sphinx.* Oh! madame...
Oh! madame, madame! Grâce, madame! Non! Non!
Non! Non madame!

JOCASTE. Mon petit, ne m'angoisse pas. C'est un rêve.
C'est moi, moi Jocaste, ta femme Jocaste.

ŒDIPE. Non! non! (*Il s'éveille.*) Où étais-je? Quelle
horreur! Jocaste, c'est toi... Quel cauchemar, quel
cauchemar horrible.

JOCASTE. Là, là, c'est fini, tu es dans notre chambre, dans
mes bras...

ŒDIPE. Tu n'as rien vu? C'est vrai, je suis stupide,
c'était cette peau de bête... Ouf! J'ai dû parler? De
quoi ai-je parlé?

JOCASTE. A ton tour! Tu criais: Madame! Non, non,
madame! Non madame. Grâce madame! Quelle était
cette méchante dame?

ŒDIPE. Je ne me souviens plus. Quelle nuit!

JOCASTE. Et moi? Tes cris m'ont sauvée d'un cauchemar sans nom. Regarde! tu es trempé, inondé de sueur.
C'est ma faute. Je t'ai laissé t'endormir avec ces étoffes
lourdes, ces colliers d'or, ces agrafes, ces sandales qui coupent
les chevilles... (*Elle le soulève, il retombe.*) Allons! quel
gros bébé! il est impossible de te laisser dans toute cette
eau. Ne te fais pas lourd,* aide-moi...

> *Elle le soulève, lui ôte sa tunique et le frotte.*

ŒDIPE, *encore dans le vague.* Oui, ma petite mère
chérie...*

JOCASTE, *l'imitant.* Oui, ma petite mère chérie... Quel
enfant! Voilà qu'il me prend pour sa mère.

ŒDIPE, *réveillé*.   Oh, pardon, Jocaste, mon amour, je suis absurde.   Tu vois, je dors à moitié, je mélange tout. J'étais à mille lieues, auprès de ma mère qui trouve toujours que j'ai trop froid ou trop chaud.   Tu n'es pas fâchée?

JOCASTE.   Qu'il est bête! Laisse-toi faire et dors. Toujours il s'excuse, il demande pardon.   Quel jeune homme poli, ma parole!   Il a dû être choyé par une maman très bonne, trop bonne, et on la quitte, voilà.   Mais je n'ai pas à m'en plaindre et je l'aime de tout mon cœur d'amoureuse la maman qui t'a dorloté, qui t'a gardé, qui t'a élevé pour moi, pour nous.

ŒDIPE.   Tu es bonne.

JOCASTE.   Parlons-en.   Tes sandales.   Lève ta jambe gauche.   (*Elle le déchausse.*) et ta jambe droite.   (*Même jeu. Soudain elle pousse un cri terrible.*)

ŒDIPE.   Tu t'es fait mal?

JOCASTE.   Non... non...
     Elle recule, regarde les pieds d'Œdipe, comme une folle.

ŒDIPE.   Ah! mes cicatrices...   Je ne les croyais pas si laides.   Ma pauvre chérie, tu as eu peur?

JOCASTE.   Ces trous... d'où viennent-ils?...   Ils ne peuvent témoigner que de blessures si graves...

ŒDIPE.   Blessures de chasse, paraît-il.   J'étais dans les bois; ma nourrice me portait.   Soudain un sanglier débouche d'un massif et la charge.   Elle a perdu la tête, m'a lâché.   Je suis tombé et un bûcheron a tué l'animal pendant qu'il me labourait à coups de boutoirs...   C'est vrai!   Mais elle est pâle comme une morte?   Mon chéri! mon chéri! J'aurais dû te prévenir.   J'ai tellement l'habitude, moi, de ces trous affreux.   Je ne te savais pas si sensible...

JOCASTE.   Ce n'est rien…

ŒDIPE.   La fatigue, la somnolence nous mettent dans cet état de vague terreur… tu sortais d'un mauvais rêve…

JOCASTE.   Non… Œdipe; non.   En réalité ces cicatrices me rappellent quelque chose que j'essaye toujours d'oublier.

ŒDIPE.   Je n'ai pas de chance.

JOCASTE.   Tu ne pouvais pas savoir.   Il s'agit d'une femme, ma sœur de lait, ma lingère.   Au même âge que moi, à dix-huit ans, elle était enceinte.   Elle vénérait son mari malgré la grande différence d'âges et voulait un fils. Mais les oracles prédirent à l'enfant un avenir tellement atroce, qu'après avoir accouché d'un fils, elle n'eut pas le courage de le laisser vivre.

ŒDIPE.   Hein?

JOCASTE.   Attends…   Imagine la force qu'il faut à une malheureuse pour supprimer la vie de sa vie… le fils de son ventre, son idéal sur la terre, l'amour de ses amours.

ŒDIPE.   Et que fit cette… dame?

JOCASTE.   La mort au cœur, elle troua les pieds du nourrisson, les lia, le porta en cachette sur une montagne, l'abandonnant aux louves et aux ours.

Elle se cache la figure.

ŒDIPE.   Et le mari?

JOCASTE.   Tous crurent que l'enfant était mort de mort naturelle et que la mère l'avait enterré de ses propres mains.

ŒDIPE.   Et… cette dame… existe?

JOCASTE.   Elle est morte.

ŒDIPE. Tant mieux pour elle, car mon premier exemple d'autorité royale aurait été de lui infliger publiquement les pires supplices, et après quoi, de la faire mettre à mort.

JOCASTE. Les oracles étaient formels. Une femme se trouve si stupide, si faible en face d'eux.

ŒDIPE. Tuer! (*Se rappelant Laïus.*) Il n'est pas indigne de tuer lorsque le réflexe de défense nous emporte, lorsque le mauvais hasard s'en mêle; mais tuer froidement, lâchement, la chair de sa chair, rompre la chaîne... tricher au jeu!*

JOCASTE. Œdipe! parlons d'autre chose... ta petite figure furieuse me fait trop de mal.

ŒDIPE. Parlons d'autre chose. Je risquerais de t'aimer moins si tu essayes de défendre cette chienne de malheur.

JOCASTE. Tu es un homme mon amour, un homme libre et un chef! Tâche de te mettre à la place d'une gamine, crédule aux présages et, qui plus est, grosse, éreintée, écœurée, chambrée, épouvantée par les prêtres...

ŒDIPE. Une lingère! c'est sa seule excuse. L'aurais-tu fait?

JOCASTE, *geste*. Non, bien sûr.

ŒDIPE. Et ne crois pas que lutter contre les oracles exige une décision d'Hercule. Je pourrais me vanter, me poser en phénomène; je mentirais. Sache que pour déjouer l'oracle il me fallait tourner le dos à ma famille, à mes atavismes, à mon pays. Eh bien, plus je m'éloignais de ma ville, plus j'approchais de la tienne, plus il me semblait rentrer chez moi.

JOCASTE Œdipe! Œdipe! Cette petite bouche qui parle, qui parle, cette langue qui s'agite, ces sourcils qui se froncent, ces grands yeux qui lancent des éclairs... Les sourcils ne peuvent-ils pas se détendre un peu et les yeux se fermer doucement, Œdipe, et la bouche servir à des caresses plus douces que la parole.

ŒDIPE. Je te le répète, je suis un ours, un sale ours! Un maladroit.

JOCASTE. Tu es un enfant.

ŒDIPE. Je ne suis pas un enfant!

JOCASTE. Il recommence! Là, là, sois sage.

ŒDIPE. Tu as raison; je suis impossible. Calme cette bouche bavarde avec ta bouche, ces yeux fébriles avec tes doigts.

JOCASTE. Permets. Je ferme la porte de la grille; je n'aime pas savoir cette grille ouverte la nuit.

ŒDIPE. J'y vais.

JOCASTE. Reste étendu... J'irai aussi jeter un coup d'œil au miroir. Voulez-vous embrasser une mégère?* Après toutes ces émotions les Dieux seuls savent comment je dois être faite.* Ne m'intimide pas. Ne me regarde pas. Retournez-vous*, Œdipe.

ŒDIPE. Je me retourne. (*Il se couche en travers du lit, appuyant sa tête sur le bord du berceau.*) Là, je ferme les yeux; je n'existe plus.

Jocaste se dirige vers la fenêtre.

JOCASTE, à Œdipe. Le petit soldat dort toujours à moitié tu... en il ne fait pas chaud... le pauvret!

*Elle marche vers la psyché; soudain elle s'arrête, l'oreille vers
la place.   Un ivrogne parle très haut, avec de longues pauses entre
ses réflexions.*

Voix de l'Ivrogne. La politique!...   La po-li-ti-que!
Si c'est pas malheureux.* Parlez-moi de la politique...
Ho! Tiens un mort!...   Pardon excuse: c'est un soldat
endormi...   Salut, militaire; salut à l'armée endormie.

> *Silence. Jocaste se hausse. Elle essaye de voir dehors.*

Voix de l'Ivrogne. La politique... (*Long silence.*)
C'est une honte...* une honte...

Jocaste. Œdipe! mon chéri.

Œdipe, *endormi.* Hé!...

Jocaste. Œdipe, Œdipe! Il y a un ivrogne et la sentinelle ne l'entend pas. Je déteste les ivrognes. Je voudrais
qu'on le chasse, qu'on réveille le soldat. Œdipe! Œdipe!
Je t'en supplie!

> *Elle le secoue.*

Œdipe. Je dévide, je déroule, je calcule, je médite, je
tresse, je vanne, je tricote, je natte, je croise...

Jocaste. Qu'est-ce qu'il raconte? Comme il dort!
Je pourrais mourir, il ne s'en apercevrait pas.

L'Ivrogne. La politique!
*Il chante. Dès les premiers vers, Jocaste lâche Œdipe, repose
doucement sa tête contre le bord du berceau et s'avance vers le
milieu de la chambre. Elle écoute.*

> Madame que prétendez-vous?*
> Madame que prétendez-vous?
> Votre époux est trop jeune,
> Bien trop jeune pour vous...   Hou!...

Et cætera...

JOCASTE.   Ho! les monstres…

L'IVROGNE.

> Madame que prétendez-vous
> Avec ce mariage?

Pendant ce qui suit, Jocaste, affolée, marche sur la pointe des pieds vers la fenêtre.   Ensuite elle remonte vers le lit, et penchée sur Œdipe, observe sa figure, tout en regardant de temps à autre vers la fenêtre où la voix de l'ivrogne alterne avec le bruit de la fontaine et les coqs; elle berce le sommeil d'Œdipe* en remuant doucement le berceau.

L'IVROGNE.   Si j'étais la politique… je dirais à la reine: Madame!… un junior ne vous convient pas…   Prenez un mari sérieux, sobre, solide… un mari comme moi…

VOIX DU GARDE.   *On sent qu'il vient de se réveiller.   Il retrouve peu à peu de l'assurance.*   Circulez!

VOIX DE L'IVROGNE.   Salut à l'armée réveillée…

LE GARDE.   Circulez! et plus vite.

L'IVROGNE.   Vous pourriez être poli…

Dès l'entrée en scène de la voix du garde, Jocaste a lâché le berceau, après avoir isolé la tête d'Œdipe avec les tulles.

LE GARDE.   Vous voulez que je vous mette en boîte?

L'IVROGNE.   Toujours la politique.   Si c'est pas malheureux!

> Madame que prétendez-vous…?

LE GARDE.   Allons ouste!   Videz la place…*

L'IVROGNE.   Je la vide, je la vide, mais soyez poli.

Jocaste pendant ces quelques répliques s'approche de la psyché. Comme le clair de lune et l'aube projettent une lumière en sens *inverse, elle ne peut se voir.   Elle empoigne la psyché* par les montants et l'éloigne du mur.   La glace, proprement dite, restera fixe contre le décor.   Jocaste n'entraîne que le cadre et, cherchant la lumière, jette des regards du côté d'Œdipe endormi.   Elle roule le meuble avec prudence jusqu'au premier plan, à la place du trou du souffleur,* de sorte que le public devienne la glace et que Jocaste se regarde, visible à tous.*

L'Ivrogne, *très loin.*

> Votre époux est trop jeune
> Bien trop jeune pour vous...   Hou!...

On doit entendre le pas du factionnaire; les sonneries du réveil, les coqs, l'espèce de ronflement que fait le souffle jeune et rythmé d'Œdipe.   Jocaste, le visage contre le miroir vide, se remonte les ioues, à pleines mains.

ACTE IV

ŒDIPE-ROI
17 *ans après*

LA VOIX

Dix-sept ans ont passé vite.   La grande peste de Thèbes a l'air d'être le premier échec à cette fameuse chance* d'Œdipe, car les dieux ont voulu, pour le fonctionnement de leur machine infernale, que toutes les malchances surgissent sous le déguisement de la chance.   Après les faux bonheurs, le roi va connaître le vrai malheur, le vrai sacre, qui fait, de ce roi de jeux de cartes entre les mains des dieux cruels, enfin, un homme.

ACTE IV*

ŒDIPE-ROI

L'estrade, débarrassée de la chambre dont l'étoffe rouge s'envole vers les cintres semble cernée de murailles qui grandissent. Elle finit par représenter le fond d'une sorte de cour. Une logette en l'air fait correspondre* la chambre de Jocaste avec cette cour. On y monte par une porte ouverte en bas, au milieu. Lumière de peste.**

Au lever du rideau, Œdipe, portant une petite barbe, vieilli, se tient debout près de la porte. Tirésias et Créon à droite et à gauche de la cour. Au deuxième plan, à droite, un jeune garçon genou en terre : le messager de Corinthe.*

ŒDIPE. En quoi suis-je encore scandaleux, Tirésias?

TIRÉSIAS. Comme toujours vous amplifiez les termes. Je trouve, et je répète, qu'il convient peut-être d'apprendre la mort d'un père avec moins de joie.

ŒDIPE. Vraiment? (*Au messager.*) N'aie pas peur, petit. Raconte. De quoi Polybe est-il mort? Mérope est-elle très, très malheureuse?

LE MESSAGER. Seigneur Œdipe, le roi Polybe est mort de vieillesse et... la reine sa femme est presque inconsciente. Son âge l'empêche même de bien envisager son malheur.

ŒDIPE, *une main à la bouche.* Jocaste! Jocaste!

Jocaste apparaît à la logette; elle écarte le rideau. Elle porte son écharpe rouge.

JOCASTE.　Qu'y a-t-il?

ŒDIPE.　Tu es pâle; ne te sens-tu pas bien?

JOCASTE.　La peste, la chaleur, les visites aux hospices, toutes ces choses m'épuisent, je l'avoue.　Je me reposais sur mon lit.

ŒDIPE.　Ce messager m'apporte une grande nouvelle et qui valait la peine que je te dérange.

JOCASTE, *étonnée*.　Une bonne nouvelle?...

ŒDIPE.　Tirésias me reproche de la trouver bonne: Mon père est mort.

JOCASTE.　Œdipe!

ŒDIPE.　L'oracle m'avait dit que je serais son assassin et l'époux de ma mère.　Pauvre Mérope! elle est bien vieille et mon père Polybe meurt de sa bonne mort.*

JOCASTE.　La mort d'un père* n'est jamais chose heureuse que je sache.

ŒDIPE.　Je déteste la comédie et les larmes de convention. Pour être vrai,* j'ai quitté père et mère trop jeune et mon cœur s'est détaché d'eux.

LE MESSAGER.　Seigneur Œdipe, si j'osais...

ŒDIPE.　Il faut oser mon garçon.

LE MESSAGER.　Votre indifférence n'est pas de l'indifférence.　Je peux vous éclairer sur elle.

ŒDIPE.　Voilà du nouveau.

LE MESSAGER.　J'aurais dû commencer par la fin.　A son lit de mort, le roi de Corinthe m'a chargé de vous apprendre que vous n'étiez que son fils adoptif.

ŒDIPE.　Quoi?

LE MESSAGER. Mon père, un berger de Polybe, vous trouva jadis, sur une colline, exposé aux bêtes féroces. Il était pauvre; il porta sa trouvaille à la reine qui pleurait de n'avoir pas d'enfant. C'est ce qui me vaut l'honneur de cette mission extraordinaire à la cour de Thèbes.

TIRÉSIAS. Ce jeune homme doit être épuisé par sa course et il a traversé notre ville pleine de miasmes impurs; ne vaudrait-il pas mieux qu'il se rafraîchisse, qu'il se repose, et vous l'interrogeriez après.

ŒDIPE. Vous voulez que le supplice dure, Tirésias; vous croyez que mon univers s'écroule. Vous me connaissez mal. Ne vous réjouissez pas trop vite. Peut-être suis-je heureux, moi, d'être un fils de la chance.

TIRÉSIAS. Je vous mettais en garde contre votre habitude néfaste d'interroger, de savoir, de comprendre tout.

ŒDIPE. Parbleu! Que je sois fils des muses ou d'un chemineau, j'interrogerai sans crainte; je saurai les choses.

JOCASTE. Œdipe, mon amour, il a raison. Tu t'exaltes... tu t'exaltes... tu crois tout ce qu'on te raconte et après...

ŒDIPE. Par exemple! C'est le comble! Je reçois sans broncher les coups les plus rudes et chacun se ligue pour que j'en reste là et que je ne cherche pas à connaître mes origines.

JOCASTE. Personne ne se ligue... mon chéri... mais je te connais...

ŒDIPE. Tu te trompes, Jocaste. On ne me connaît plus, ni toi, ni moi, ni personne... (*Au messager.*) Ne tremble pas petit. Parle! Parle encore.

LE MESSAGER. Je ne sais rien d'autre, seigneur Œdipe, sinon que mon père vous délia presque mort, pendu par vos pieds blessés à une courte branche.

ŒDIPE. Les voilà donc ces belles cicatrices.

JOCASTE. Œdipe, Œdipe... remonte...* On croirait que tu aimes fouiller tes plaies avec un couteau.

ŒDIPE. Voilà donc mes langes!... Mon histoire de chasse... fausse comme tant d'autres. Hé, bien, ma foi! Il se peut que je sois né d'un dieu sylvestre* et d'une dryade et nourri par des louves. Ne vous réjouissez pas trop vite Tirésias.

TIRÉSIAS. Vous êtes injuste...

ŒDIPE. Au reste, je n'ai pas tué Polybe, mais... j'y songe... j'ai tué un homme.

JOCASTE. Toi?

ŒDIPE. Moi! Oh! rassurez-vous, c'était accidentel et pure malchance. Oui, j'ai tué, devin, mais le parricide, il faut y renoncer d'office.* Pendant une rixe avec des serviteurs, j'ai tué un vieillard qui voyageait, au carrefour de Daulie et de Delphes.

JOCASTE. Au carrefour de Daulie et de Delphes!...
Elle disparaît, comme on se noie.

ŒDIPE. Voilà de quoi fabriquer une magnifique catastrophe. Ce voyageur devait être mon père. «Ciel! mon père!»* Mais, l'inceste sera moins commode, messieurs. Qu'en penses-tu, Jocaste?... (*Il se retourne et voit que Jocaste a disparu.*) Parfait! Dix-sept années de bonheur, de règne sans tache, deux fils, deux filles, et il suffit que cette noble dame apprenne que je suis l'inconnu (qu'elle aima d'abord) pour me tourner le dos. Qu'elle boude! qu'elle boude! Je resterai donc tête à tête avec mon destin.

CRÉON. Ta femme est malade Œdipe. La peste nous démoralise tous. Les dieux punissent la ville et veulent une victime.   Un monstre se cache parmi nous.   Ils exigent qu'on le découvre et qu'on le chasse.   Chaque jour la police échoue et les cadavres encombrent les rues.   Te rends-tu compte des efforts que tu exiges de Jocaste?   Te rends-tu compte que tu es un homme et qu'elle est une femme, une femme âgée, une mère inquiète de la contagion?   Avant de reprocher à Jocaste un geste d'humeur, tu pourrais lui trouver des excuses.

ŒDIPE.   Je te sens venir,* beau-frère.   La victime idéale, le monstre qui se cache...   De coïncidences en coïncidences...* ce serait du beau travail, avec l'aide des prêtres et de la police, d'arriver à embrouiller le peuple de Thèbes et à lui laisser croire que c'est moi.

CRÉON.   Vous êtes absurde!

ŒDIPE.   Je vous crois capable du pire, mon ami.   Mais Jocaste, c'est autre chose...   Son attitude m'étonne.   (*Il appelle.*)   Jocaste!   Jocaste!   Où es-tu?

TIRÉSIAS.   Ses nerfs semblaient à bout; elle se repose... laissez-la tranquille.

ŒDIPE.   Je vais...   (*Il s'approche du jeune garde.*)   Au fait... au fait...

LE MESSAGER.   Monseigneur!

ŒDIPE.   Les pieds troués... liés... sur la montagne... Comment n'ai-je pas compris tout de suite!...   Et moi qui me demandais pourquoi Jocaste...

Il est dur de renoncer aux énigmes...   Messieurs, je n'étais pas un fils de dryade.   Je vous présente le fils d'une lingère, un enfant du peuple, un produit de chez vous.

CRÉON.   Quel est ce conte?

ŒDIPE.   Pauvre, pauvre Jocaste!   Sans le savoir je lui ai dit un jour ce que je pensais de ma mère...   Je comprends tout maintenant. Elle doit être terrifiée, désespérée. Bref... attendez-moi. Il est capital que je l'interroge, que rien ne reste dans l'ombre, que cette mauvaise farce prenne fin.

Il sort par la porte de milieu. Aussitôt Créon se dépêche d'aller au messager, de l'entraîner et de le faire disparaître par la gauche.

CRÉON. Il est fou! Quelle est cette histoire?

TIRÉSIAS. Ne bougez pas. Un orage arrive du fond des siècles. La foudre vise cet homme et je vous demande, Créon, de laisser la foudre suivre ses caprices, d'attendre immobile, de ne vous mêler de rien.

Tout à coup on voit Œdipe à la logette, déraciné,* décomposé,* appuyé d'une main contre la muraille.

ŒDIPE. Vous me l'avez tuée...*

CRÉON. Tuée?

ŒDIPE. Vous me l'avez tuée... Elle est là... pendue... pendue à son écharpe...* Elle est morte... messieurs, elle est morte... c'est fini... fini.

CRÉON. Morte! Je monte...

TIRÉSIAS. Restez... le prêtre vous l'ordonne. C'est inhumain, je le sais; mais le cercle se ferme; nous devons nous taire et rester là.

CRÉON. Vous n'empêcherez pas un frère...

TIRÉSIAS. J'empêcherai! Laissez la fable tranquille.* Ne vous en mêlez pas.

ŒDIPE, *à la porte.* Vous me l'avez tuée... elle était romanesque... faible... malade... vous m'avez poussé à dire que j'étais un assassin... Qui ai-je assassiné, messieurs, je

vous le demande?... par maladresse, par simple maladresse...
un vieillard sur la route... un inconnu.

Tirésias. Œdipe: Vous avez assassiné par maladresse
l'époux de Jocaste, le roi Laïus.

Œdipe. Misérables!... Mes yeux s'ouvrent! Votre
complot continue... c'était pire encore que je ne le croyais...
Vous avez insinué à ma pauvre Jocaste que j'étais l'assassin
de Laïus... que j'avais tué le roi pour la rendre libre, pour
devenir son époux.

Tirésias. Vous avez assassiné l'époux de Jocaste, Œdipe,
le roi Laïus. Je le savais de longue date et vous mentez: ni
à vous ni à elle, ni à Créon, ni à personne je ne l'ai dit.
Voilà comment vous reconnaissez mon silence.

Œdipe. Laïus!... Alors voilà... le fils de Laïus et de la
lingère! Le fils de la sœur de lait de Jocaste et de Laïus.

Tirésias, à Créon. Si vous voulez agir, ne tardez pas.
Dépêchez-vous. La dureté même a des limites.

Créon. Œdipe, ma sœur est morte par votre faute. Je
ne me taisais que pour préserver Jocaste. Il me semble
inutile de prolonger outre mesure de fausses ténèbres, le
dénouement d'un drame abject dont j'ai fini par découvrir
l'intrigue.

Œdipe. L'intrigue?...

Créon. Les secrets les plus secrets se livrent un jour à
celui qui les cherche. L'homme intègre qui jure le silence
parle à sa femme, qui parle à une amie intime et ainsi de
suite. (*En coulisse.*) Entre berger.

Paraît un vieux berger qui tremble.

Œdipe. Quel est cet homme?

Créon. L'homme qui t'a porté blessé et lié sur la
montagne d'après les ordres de ta mère. Qu'il avoue.

Le Berger. Parler m'aurait valu la mort. Princes, que ne suis-je mort afin de ne pas vivre cette minute.

Œdipe. De qui suis-je le fils, bonhomme? Frappe, frappe vite.

Le Berger. Hélas!

Œdipe. Je suis près d'une chose impossible à entendre.

Le Berger. Et moi… d'une chose impossible à dire.

Créon. Il faut la dire. Je le veux.

Le Berger. Tu es le fils de Jocaste, ta femme, et de Laïus tué par toi au carrefour des trois routes. Inceste et parricide, les Dieux te pardonnent.

Œdipe. J'ai tué celui qu'il ne fallait pas. J'ai épousé celle qu'il ne fallait pas. J'ai perpétué ce qu'il ne fallait pas. Lumière est faite… *(Il sort.)*

Créon chasse le berger.

Créon. De quelle lingère, de quelle sœur de lait parlait-il?

Tirésias. Les femmes ne peuvent garder le silence. Jocaste a dû mettre son crime sur le compte d'une de ses servantes pour tâter le terrain.

Il lui tient le bras et écoute la tête penchée.
Rumeurs sinistres. La petite Antigone, les cheveux épars, apparaît à la logette.

Antigone. Mon oncle! Tirésias! Montez vite, vite, c'est épouvantable! J'ai entendu crier dans la chambre; petite mère ne bouge plus, elle est tombée tout de son long et petit père se roule sur elle et il se donne des coups dans les yeux avec sa grosse broche en or. Il y a du sang partout. J'ai peur! J'ai trop peur, montez… montez vite…

Elle rentre.

CRÉON.   Cette fois, personne ne m'empêchera...

TIRÉSIAS.   Si! je vous empêcherai.   Je vous le dis, Créon, un chef-d'œuvre d'horreur s'achève.   Pas un mot, pas un geste.   Il serait malhonnête de poser une seule ombre de nous.

CRÉON.   C'est de la pure folie!

TIRÉSIAS.   C'est la pure sagesse...   Vous devez admettre...

CRÉON.   Impossible.   Du reste le pouvoir retombe entre mes mains.

Au moment où, s'étant dégagé, il s'élance, la porte s'ouvre. Œdipe aveugle apparaît.   Antigone s'accroche à sa robe.

TIRÉSIAS.   Halte!

CRÉON.   Je deviens fou.   Pourquoi, pourquoi a-t-il fait cela?   Mieux valait la mort.

TIRÉSIAS.   Son orgueil ne le trompe pas.   Il a voulu être le plus heureux des hommes, maintenant il veut être le plus malheureux.

ŒDIPE.   Qu'on me chasse, qu'on m'achève, qu'on me lapide, qu'on abatte la bête immonde.*

ANTIGONE.   Père!

ŒDIPE.   Laisse-moi... ne touche pas mes mains, ne m'approche pas.

TIRÉSIAS.   Antigone!   Mon bâton d'augure.   Offre-le-lui de ma part.   Il lui portera chance.

Antigone embrasse la main de Tirésias et porte le bâton à Œdipe.

Antigone. Tirésias t'offre son bâton.

Œdipe. Il est là?... J'accepte, Tirésias... J'accepte... Souvenez-vous, il y a dix-huit ans, j'ai vu dans vos yeux que je deviendrais aveugle et je n'ai pas su comprendre. J'y vois clair Tirésias, mais je souffre... J'ai mal... La journée sera rude.

Créon. Il est impossible qu'on le laisse traverser la ville, ce serait un scandale épouvantable.

Tirésias, *bas.* Une ville de peste? Et puis, vous savez, ils voyaient le roi qu'Œdipe voulait être; ils ne verront pas celui qu'il est.

Créon. Vous prétendez qu'il deviendra invisible parce qu'il est aveugle.

Tirésias. Presque.

Créon. Eh bien! j'en ai assez de vos devinettes et de vos symboles. J'ai ma tête sur mes épaules, moi, et les pieds par terre.* Je vais donner des ordres.

Tirésias. Votre police est bien faite,* Créon; mais où cet homme se trouve, elle n'aurait plus le moindre pouvoir.

Créon. Je...
Tirésias l'empoigne par le bras et lui met la main sur la bouche... Car Jocaste paraît dans la porte. Jocaste morte, blanche, belle, les yeux clos. Sa longue écharpe enroulée autour du cou.

Œdipe. Jocaste! Toi! Toi vivante!

Jocaste. Non, Œdipe. Je suis morte. Tu me vois parce que tu es aveugle; les autres ne peuvent plus me voir.

Œdipe. Tirésias est aveugle...

Jocaste. Peut-être me voit-il un peu... mais il m'aime, il ne dira rien...

ŒDIPE.   Femme! ne me touche pas...

JOCASTE.   Ta femme est morte pendue, Œdipe. Je suis ta mère.   C'est ta mère qui vient à ton aide...   Comment ferais-tu rien que pour descendre seul cet escalier, mon pauvre petit?

ŒDIPE.   Ma mère!

JOCASTE.   Oui, mon enfant, mon petit enfant...   Les choses qui paraissent abominables aux humains, si tu savais, de l'endroit où j'habite, si tu savais comme elles ont peu d'importance.

ŒDIPE.   Je suis encore sur la terre.

JOCASTE.   A peine...

CRÉON.   Il parle avec des fantômes, il a le délire, la fièvre, je n'autoriserai pas cette petite...

TIRÉSIAS.   Ils sont sous bonne garde.

CRÉON.   Antigone!   Antigone! je t'appelle...

ANTIGONE.   Je ne veux pas rester chez mon oncle!   Je ne veux pas, je ne veux pas rester à la maison.   Petit père, petit père ne me quitte pas!   Je te conduirai, je te dirigerai...

CRÉON.   Nature ingrate.*

ŒDIPE.   Impossible, Antigone.   Tu dois être sage...   je ne peux pas t'emmener.

ANTIGONE.   Si! si!

ŒDIPE.   Tu abandonnerais Ismène?*

ANTIGONE.   Elle doit rester auprès d'Étéocle* et de Polynice.*   Emmène-moi, je t'en supplie!   Je t'en supplie! Ne me laisse pas seule!   Ne me laisse pas chez mon oncle! Ne me laisse pas à la maison.

JOCASTE. La petite est si fière. Elle s'imagine être ton guide. Il faut le lui laisser croire. Emmène-la. Je me charge de tout.

ŒDIPE. Oh!...

Il porte la main à sa tête.

JOCASTE. Tu as mal?

ŒDIPE. Oui, dans la tête et dans la nuque et dans les bras... C'est atroce.

JOCASTE. Je te panserai à la fontaine.

ŒDIPE, *abandonné*. Mère...

JOCASTE. Crois-tu! cette méchante écharpe et cette affreuse broche! L'avais-je assez prédit.

CRÉON. C'est im-pos-si-ble. Je ne laisserai pas un fou sortir en liberté avec Antigone. J'ai le devoir...

TIRÉSIAS. Le devoir! Ils ne t'appartiennent plus; ils ne relèvent plus de ta puissance.

CRÉON. Et à qui appartiendraient-ils?

TIRÉSIAS. Au peuple, aux poètes, aux cœurs purs.

JOCASTE. En route! Empoigne ma robe solidement... n'aie pas peur...

Ils se mettent en route.

ANTIGONE. Viens, petit père... partons vite...

ŒDIPE. Où commencent les marches?

JOCASTE ET ANTIGONE. Il y a encore toute la plate-forme...

Ils disparaissent... On entend Jocaste et Antigone parler exactement ensemble.

JOCASTE ET ANTIGONE. Attention… compte les marches…
Un, deux, trois, quatre, cinq…

CRÉON. Et en admettant qu'ils sortent de la ville, qui
s'en chargera, qui les recueillera?…

TIRÉSIAS. La gloire.

CRÉON. Dites plutôt le déshonneur, la honte…

TIRÉSIAS. Qui sait?

Saint-Mandrier 1932.

NOTES

5. **La Voix:** the Voice is a partial substitute for the Chorus in the original Greek version; in Jean Anouilh's *Antigone* the Prologue plays a similar part. In each case the audience is forewarned as to what is to happen in the play, and is thus in a position similar to that of the audiences of ancient Greece, since the myths and legends upon which the great tragedies were based were part and parcel of the national folklore.

   au carrefour où les routes de Delphes et de Daulie se croisent: in *Œdipe-Roi* (*Œuvres complètes*, Vol. V, p. 118), the sentence ends: "où les routes de Delphe (*sic*) et de Daulie se rencontrent." The second version seems more satisfying to the ear. *Cf.* the present text, p. 90. Delphi, a town in Phocis (*i.e.*, part of Northern Greece) was famous for its Oracle of Apollo—the 'Delphic Oracle. Daulis, or Daulia (now Dalia), was also in Phocis. In French the form of the word is usually *Daulis*.

6. **Comme s'élancera le jeune Siegfried:** a reference, no doubt, to the *Siegfried* of Wagner (Act II) in which the hero attacks the dragon guarding the treasure of the Niebelungs.

   Avec son écharpe rouge Jocaste se pend: see Introduction regarding the accidental death of Isadora Duncan in 1927. The incident must have made a deep impression on Cocteau; in *Les Enfants Terribles*, p. 140 (Grasset, 1929), the death of Michaël is recounted thus:

   > "Sa voiture était basse. Une longue écharpe qui lui enveloppait le cou et flottait, s'enroula autour du moyeu. Elle l'étrangla, le décapita furieusement, pendant que la voiture dérapait, se broyait, se cabrait contre un arbre et devenait une ruine de silence avec une seule roue qui tournait de moins en moins vite en l'air comme une roue de loterie."

   A *foulard rouge* figures in *La Voix Humaine*.

une des plus parfaites machines construites par les dieux infernaux : *cf.* Cocteau's *Antigone*, in which the Chorus says to Créon, " Prince, je me demande si ce n'est pas une machine des dieux" (p. 152), and the poem, *La Crucifixion* (1946), which contains the following stanza :

> "La machine infernale était mue
> par des calculs
> ignorés des machinistes
> d'une coulisse d'échelles
> interdites aux ramoneurs
> sous peine de mort.   De toute
> éternité mue au cœur
> même du drame la machine
> d'une précision écœurante
> réglait en outre
> le candélabre des astres."

There are several obvious echoes here of the present text.   The image of the machine is a favourite one of Cocteau's: he sometimes refers to the poet as a *machine*, as he refers to one of his plays as an *appareil*, through both of which poetry is "transmitted."   Anouilh in his turn uses the idea of the Infernal Machine in his *Antigone*; the Chorus says, "Et voilà.   Maintenant le ressort est bandé.   Cela n'a plus qu'à se dérouler tout seul . . .   C'est minutieux, bien huilé depuis toujours" ("it's a precision instrument, well oiled since the beginning of time").   See Jean Anouilh, *Antigone*, p. 103 (note). (Harrap, 1954.)

9. **Un chemin de ronde:** 'a rampart walk,' 'a path on the battlements' (used by sentries).

   les boîtes: (i.e., *boîtes de nuit*, 'nightclubs.')   One of the few outstanding anachronisms in the play.

   pour aller au Sphinx: I am grateful to my former colleague, the late Mr D. M. Low, for some information on this point. Both in Greek and Latin the Sphinx seems always to have been feminine; Herodotus mentions some male sphinxes in Egypt, but the emphasis that he gives to this statement implies that this was rather exceptional.   The word is rather rare in classical Greek; neither Sophocles nor Euripides uses it, preferring phrases like "the winged maiden."   The word is much commoner in Latin (*sphinx* *sphingis*) than Greek and means 'the Strangler.' In French the masculine gender has become permanently associated with the form *sphinx*.

10. **Le seul rescapé du Sphinx:** 'the only one to have escaped from the Sphinx.'

    ce qu'il radote: a vulgarism; the verb *radoter*, 'to talk nonsense,' is intransitive.

    ma pauvre petite vache: usually employed in the figurative sense as an insult, *vache* is used here half-affectionately; *cf.* 'my poor dear old chump.'

    qui ont été au stade: a reference to the stadium at Olympia and to similar stadia where athletic sports were practised. Great athletes were regarded as national heroes in ancient Greece.

    soldat de deuxième classe: 'private' (in the French Army): another anachronism.

11. **Tu tournes de l'œil?:** 'Are you going to pass out?' (*i.e.* faint).

    Laïus: the dead father of Œdipe. See Introduction regarding the resemblance between this scene and the opening scene in *Hamlet*.

    Ils dormiraient sur les deux oreilles: 'they'd sleep with an easy mind,' 'they'd rest easy.'

12. **des mac(c)habées:** 'corpses,' 'stiffs,' a slang term used by medical students in France and now in wider use. The term is derived from the Maccabees, the seven brothers martyred with their mother in the second century B.C.

14. **Ne me cassez pas les oreilles:** 'Stop talking!'

    revenant(s)...spectre...fantôme: the three words corresponding respectively to our 'ghost,' 'spectre' and 'fantom' or 'phantom' are roughly synonymous. In *revenant* the stress is laid on the idea of returning from the dead, as in *des histoires de revenants*, 'ghost stories.' A *spectre* is a ghostly figure, usually in human form, but not necessarily connected with any particular dead person as is the case with *revenant*; the word is often used figuratively to convey an idea of dread, as in *le spectre de la guerre, de la misère*, etc. In *fantôme*, especially in the figurative sense, the emphasis is on the idea of unreality—e.g., *le Vaisseau Fantôme*, 'the Flying Dutchman,' *les fantômes de l'esprit*, 'mental illusions'; *un fantôme de roi*, 'the mere shadow of a king.'

    rapport aux vapeurs: 'on account of the vapours,' a vulgarism. Cf. *rapport à mon bras cassé*, 'on account of my broken arm.'

    un spectre des plus savants: 'a very (lit. 'most') knowledgeable ghost.'

15. **interrogez voir mon collègue:** 'just ask my mate and you'll see what he says.' Another vulgarism.

qui nous permette de le voir: this is a normal use of the subjunctive to express, in an adjectival clause, the idea of need or purpose.

La reine Jocaste. Il faut... il faut... la reine... la reine... etc. The broken, repeated fragments of the Ghost's warning resemble the cryptic supernatural messages received by radio in the film *Orphée*.

16. **dis voir:** '(I) say!' (colloquial).

une séance pas comme les autres: 'a real "do".' The phrase is a popular cliché, its more usual form being *un homme pas comme les autres*, 'a man that's different, somehow.'

Viendra... Viendra pas: the personal pronoun is usually dropped in bets of this kind.

17. **C'était comme qui dirait une habitude:** 'It was a habit, as you might say,' 'it was what you might call a habit.' A vulgarism.

quand ça y était: 'when it did happen.'

on se crevait les yeux: 'we were watching until our eyes smarted.'

en douce: 'quietly.'

Je mourrai ma dernière mort: an irregularity, *mourir* being an intransitive verb. Cf. *mourir de sa belle mort*, 'to die a natural death, to die in one's bed.'

18. **on comprend qu'il a quitté son poste:** the 'unauthorised' intervention of the Ghost is paralleled by the rebellion of the Sphinx in Act II, and, in the film *Orphée*, by the rebellion of Death, who falls in love with Orphée and 'deserts her post' in a similar way. In Cocteau's *Renaud et Armide*, the Fairy Queen, invisible to mortals and deeply in love with the hero, abandons her supernatural rôle and becomes visible to him by parting with her magic ring. In each of these cases the attempt to 'contract out' of the Supernatural ends in failure.

Plus on prenait l'air gourde: 'the sillier we looked.'

c'est pas faute de gueuler après les chefs: 'it wasn't for want of bawling rude things about the sergeants.' Cf. *crier après quelqu'un*, 'to run someone down,' 'to carp at someone.' The omission of *ne* in *c'est pas* is a vulgarism.

Tête de...: an uncompleted insult. Cf. *tête de cochon*, etc.

19. **Il ne m'a pas l'air très exact:** 'He doesn't seem very punctual to me.' *Il ne me semble pas* is the more usual form.

et qu'on puisse confondre un siècle avec une minute: an

echo of the theories of Time used in *Orphée* and in Act II of this play.   See Introduction.

20. **au port d'armes:** 'with arms at the slope' (*se mettre au port d'armes*,'to slope arms.')

Je vous ai à l'œil: 'I've got my eye on you.'

Autant: 'As you were!'

ma vieille: a facetious variation on *mon vieux*. Cf. *ma pauvre petite vache.*

et qu'elle a un accent étranger: this seems to suggest a mistake on the author's part, since Jocasta and her brother Creon were natives of Thebes, like their father, Menœceus, before them.

il complote avec: 'he's plotting with him' (*i.e.*, with Creon). The omission of *lui* is a vulgarism.   The idea that Tirésias and Créon are in league is taken from Sophocles.

c'est du sale monde: 'they're a dirty lot.'   Cf. *recevoir du monde, le beau monde,* etc.

de la même eau que le Sphinx: 'the same kind as the Sphinx.'

21. **Encore un escalier! Je déteste les escaliers!:** a forewarning of the final episodes in which the Queen rushes upstairs to kill herself, and in which, as an unseen ghost, she helps the blind Œdipe to negotiate the stairs on his way out of the palace.

presqu'aveugle: the second 'e' in *presque* is not normally elided except in the word *presqu'île.*

22. **Je suis entourée d'objets qui me détestent:** this passage was suggested by the shawl which caused the death of Isadora Duncan:

"Hier est morte Isadora Duncan.   Ce drame présente plus d'un rapport avec l'ordre de choses qui nous préoccupe.   Il exige une complicité trop étroite entre une crapuleuse petite voiture de course et un châle à franges, pour ne pas éveiller nos soupçons.   Ce châle détestait la victime.   Je l'ai souvent vu se prendre dans les portes d'ascenseurs, de bars, s'accrocher dans les branches." (*Le Mystère laïc*, pp. 11–12)

23. **vos entrailles de poulets:** a reference to the ancient practice by which the priests interpreted the will of the gods from traditional signs such as the entrails of sacrificed animals or birds.

Ma petite brebis: 'My little ewe lamb.'

m'ont mis les nerfs à bout: 'have set my nerves on edge.'

une pâte gluante: *cf.* the reference in *Le Cap de Bonne Espérance* to "mains d'ectoplasme et poulpes d'ombre."

(*Œuvres complètes*, Vol. II, p. 24)

24. **les musiques:** 'the bands.'

    pour soutenir le moral: 'to keep up morale.' Note that there is no 'e' in the French word. English, on the other hand, has dropped the 'e' from *la morale*, 'the moral (of a story).'

25. **Bouge pas:** a vulgarism. Cf. *c'est pas.*

    Avez-vous le mot?: i.e., *le mot de passe.*

    nous sauter dessus: 'attack us.'

26. **Vous aurez de mes nouvelles:** 'You'll hear more about this.'

27. **nous passer par les armes:** 'dispatch us.' In modern parlance, *passer par les armes* means 'to shoot,' 'to execute.'

    C'est la gaffe: 'We've put our foot in it.'

28. **de vous à moi:** 'between you and me.'

29. **Juste son âge:** an obvious reference to her own son. *Cf.* p. 50: it was at the age of 19 that the Matron lost her son, *mort au Sphinx.*

    Ah! misère! 'Lord help us!'

30. **vous arrêtez l'élan, vous empêchez les miracles avec votre intelligence et votre incrédulité:** here Cocteau is expressing his own dislike of the reasoning intellect which he considers to be the antithesis of poetic intuition and of the 'miracles' by which the poets live.

31. **chaque fois qu'il se donnait du mal pour s'exprimer claire-ment, il disparaissait:** possibly an indirect expression of Cocteau's theory that the true poet is doomed to remain, as far as the public is concerned, *un homme invisible.*

33. **C'est le béguin:** 'She's fallen for you.'

34. **Je veux devenir un homme pour me marier avec maman:** an innocent and childish expression of the feelings which, when 'repressed' into the unconscious mind, are said to produce the Œdipus Complex.

35. **cette broche qui crève l'œil de tout le monde:** another intima-tion of the fate that awaits Œdipe.

36. **les escaliers:** *cf.* p. 21.

38. **Il est trop tard . . . :** see Introduction.

43. **un recul dans le temps:** see Introduction regarding Cocteau's use of a certain time-theory in this play.

45. **nous ne sommes pas libres:** the *leitmotiv* of the play. See Introduction.

46. **Les dieux possèdent leurs dieux:** the belief that the universe was dominated by a hierarchy of gods was held in ancient times by the sect known as the Gnostics. Polytheism was of course the chief characteristic of Greece. Cocteau, in *La Difficulté d'être*

(p. 87), describes a dream (reminiscent of Kafka's novel *The Trial*) in which he visits a long series of law-courts... "au quatorzième tribunal, je comprends que la multiplicité est le signe de cet autre monde et l'unité le signe du nôtre." This is the converse of the principle to be found in mystical and occultist doctrine, according to which the multiplicity and diversity of the universe are contrasted with the perfect unity of "the One" (*i.e.*, God).

47. **fût-elle:** 'even if it were.' The subjunctive is used here to replace 'même si elle était.'

    j'ai votre garde: 'I am responsible for keeping watch on you.'

    il: faced with the difficulty of a grammatically masculine Sphinx playing the part of a girl, Cocteau in his stage directions uses both masculine and feminine personal pronouns. We find *il* on pp. 47, 63, and 70, in conjunction with the word *Sphinx*, and *elle* on p. 52 (after mention of *la dame*), p. 62 (where the stress is on her role as a young woman), p. 69 (where she is identified with the goddess Nemesis) and on p. 71 (where she is addressed as *Madame*).

48. **Je sais que ni vous ni moi n'avons grand'chose à craindre:** because the Sphinx's victims are always young men.

    je ne serai pas fière: 'I shan't feel too sure of myself.'

50. **Mademoiselle... Il faudrait un homme de poigne, un dictateur:** a skilful use of anachronism, the discontent and apprehension in Thebes being paralleled by feelings in France during the 'thirties; the tendency to search for scapegoats and the longing for a 'strong leader' must have struck familiar chords when the play first appeared.

    ce qu'il vous sort: 'the things he brings out.'

51. **mort au Sphinx:** cf. *mort au champ d'honneur, à la guerre.*

    j'ai fait: Ho!...: possibly an echo of a wartime experience. In *Le Discours du grand sommeil* (1916–18), there occurs the following sentence (*Œuvres complètes*, Vol. IV, p. 23): "Et la pauvre mère qui raconte pour la centième fois, d'après le témoignage d'un camarade: 'Alors, il a dit Ho! et il est tombé comme ça.'"

    la troupe: 'the military.'

    une poigne: i.e., *un homme à* (or *de*) *poigne*, 'a strong man,' 'a strong leader.'

52. **Il faudrait un chef qui tombe du ciel:** the theme of the hero nostalgically awaited in the hope that he will right all wrongs, occurs again in *Les Chevaliers de la Table Ronde*, where the part of the hero is played by Galahad.

comment il est le Sphinx?: 'what's the Sphinx like?' The omission of inversion after *comment* is at once a vulgarism and a form often used by small children.

Voilà-t-il point qu'ils inventent de...: 'Blessed if they don't go and...'

Elle lui caresse la nuque: the child's curiosity regarding the stranger, and his confidence in her, produce a clear effect of dramatic irony. This is given a sinister twist by the fact that the unrecognised Sphinx strokes the nape of the child's neck. The Matron has already told how the body of her son bore in this very place "une grosse blessure d'où le sang ne coulait même plus." The incident is a reminder that the Sphinx is sick of bloodshed.

En route, mauvaise troupe!: 'Come on, you good-for-nothings!' An old expression, generally used affectionately; it occurs in Vigny's *Servitude et grandeur militaires*.

57. **un émule:** the word takes either gender according to sex; Œdipe uses the masculine here no doubt because he would naturally assume his rival to be a man.

j'eusse crié: a stylistic use of the subjunctive to replace the less elegant conditional perfect. *Cf.* "la bête m'eût pris en défaut," below.

58. **Être aimé de qui on aime:** 'to be loved by the one you love.'

L'essentiel est qu'elle ne le soit pas: another obvious example of dramatic irony. Cocteau uses *le* here, although as predicate the pronoun normally agrees in gender with its antecedent when referring to a determinate noun (or adjective). *Cf. Êtes-vous sa mère?—Je la suis!* but *Êtes-vous mère?—Je le suis.* Grevisse, in *Le Bon Usage*, § 484, gives the following note:

"Dans certains cas, pour représenter attributivement un nom précédé d'un article ou d'un déterminatif, on emploie cependant *le*, neutre et invariable, parce que le nom prend en réalité la valeur d'un adjectif, et que *le* signifie 'cela': *Ma sœur est une enfant,—et je ne LE suis plus* (MUSSET, *A quoi rêvent les jeunes filles*, I, 3)."

This is hardly the case in the sentence involved here, but the use of *le* might be justified by the fact that emphasis is laid not on the idea of a particular person but on that of a particular relationship.

59. **cet oracle suffoque:** 'the prophecy leaves one gasping,' 'the prophecy seems quite fantastic.'

j'ai la tête solide: 'my head is well screwed on,' 'I'm very level-headed.'

60. **Jeu de scène:** '(Stage) business,' (*i.e.*, Œdipe hands the belt to the young woman).

    D'abord mon étoile: from *suivre son étoile*, 'to follow one's star'; *i.e.*, to concentrate on success, on fame and fortune.

61. **Vous m'en direz tant!:** 'You don't say so!'

62. **Un secret qui vous permette d'entrer en contact:** *cf.* p. 15, 'qui nous permette de le voir.'

    la chienne qui chante: cf. *Œdipe-Roi*, Prologue, p. 8.

    Fermez les yeux. Ne trichez pas. Comptez jusqu'à cinquante: this episode, so reminiscent of a children's game, is comparable in some ways with the 'change of speed' scene in the play *Orphée*. See Introduction.

63. **mouchetés:** 'spotted, speckled.'

64. **plus adroit qu'un aveugle…:** the first series of adjectives refers to the Sphinx herself; from "si mince" until "invisible et majestueux" the adjectives refer to "un fil."

    une plainte céleste: 'a plaintive note of celestial music.'

    bouclé comme la mer, la colonne, la rose: 'closed in, encircled'; the Sphinx is referring to the knots she is tying round her victims. (*cf. Modern Languages*, March 1958, p. 34.)

    machiné: 'contrived,' 'arranged.'

    volubilité: 'spiral (or) twining movement.' (*cf.* Littré: "facilité de se mouvoir ou d'être mû en rond").

65. **enchevêtre, désenchevêtre:** '(I) entangle, (I) disentangle.'

    repars: '(I) start all over again.'

    j'agglutine: 'I agglutinate,' 'I bind' (*i.e.*, with glue or cement).

66. **sur ce mode:** 'in that (grammatical) mood.' French grammar recognises four such moods: the indicative, the conditional, the imperative, and the subjunctive.

68. **Regardez les plis de cette étoffe:** see Introduction regarding the time-theory illustrated here.

69. **Némésis:** 'Nemesis,' the Greek goddess who meted out happiness and suffering to humanity and punished the arrogant for their sins of pride.

73. **Je ressemblerais à ce tragédien de Corinthe:** see Introduction regarding Cocteau's determination to *déniaiser le sublime*.

81. **ce mur de ronde:** 'that wall on the battlements.'

83. **que je feigne:** present subjunctive of *feindre*, 'to feign,' 'to pretend.'

impropre à ranger dans un code… Apprenez que tout ce qui se classe empeste la mort: a characteristic expression of Cocteau's lifelong hatred of the *esprit de système* and of the logical, analytical and 'Cartesian' approach to life.   His attitude to life and art is wholly intuitive, and like most neo-Romantics he tends to regard the discursive reason, and the systems and 'codes' which the reason constructs, as the very antithesis of the dynamic forces which make life and art possible.

Il faut se déclasser… un déclassé, voilà ce qui étonne et ce qui règne: a clearly personal intervention on the part of the author.

84. **Dites-le à votre maître:** *i.e.*, to Créon, with whom Tirésias is in league; *cf.* the Matron's outburst in Act II. In Sophocles, Œdipus likewise accuses Tiresias of complicity with Creon, but at another point in the action.

85. **son dû:** an echo of the *chercher mon dû!* of Act II.

   J'aime surtout qu'elle me prenne dans les siens: another example of the dramatic irony which is one of the main devices used in this play; *cf.* below, same page, … "d'un amour presque maternel."

88. **Restez tranquille par exemple:** 'Now keep quiet.'

   Vous y verrez: cf. *je n'y vois plus*, 'I can't see any more.'

89. **le malaise de votre incognito:** 'the embarrassment produced by your remaining incognito.'

   un prince de lune: 'a make-believe prince.'

90. **Faute de calcul, méchante politique:** 'a miscalculation,' 'a political trick that misfired'; *cf. un méchant écrivain*, 'a poor writer.'

   Le tonnerre: this device is used again in *L'Aigle à Deux Têtes*.

91. **Toujours abîmer tout!:** 'He always spoils everything!'; a colloquial use of the infinitive.

92. **ma petite fille:** again, a characteristic use of dramatic irony.

95. **très peinte:** 'heavily made-up.'

   Admettons que je le tue: 'Supposing I did kill (the Sphinx).'

   sac de route: 'knapsack.'

96. **tours:** 'tricks' (*i.e.*, the tricks that age plays upon us).

97. **cette pâte:** *cf.* Act I, p. 23.

   comme une masse: 'like a log (literally 'sledge-hammer, maul')

98. **Ne te fais pas lourd:** 'Don't let yourself go,' 'don't flop back like that.'

   ma petite mère chérie: *cf.* note to p. 92.

101. **rompre la chaîne... tricher au jeu:** see Introduction regarding these various attempts to cheat Destiny, not only in *La Machine Infernale* but in other works by Cocteau such as the film, *Orphée*. This is, of course, another example of dramatic irony.

102. **Voulez-vous embrasser une mégère?... Retournez-vous:** the alternate use of *tu* and *vous* is frequent when talking to a small child.

 comment je dois être faite: 'what I must look like.'

103. **Si c'est pas malheureux!:** 'Ain't it a shame?' ' What a nasty business it all is!' The dropping of the *ne* is a vulgarism.

 C'est une honte: not 'It's a shame,' but 'It's a scandal,' 'it's shameful.'

 Madame que prétendez-vous: see Introduction regarding the song of the blind beggar in *Madame Bovary*.

104. **elle berce le sommeil d'Œdipe:** cf. "la maman qui l'a dorloté," p. 99.

 Videz la place: cf. *vider les lieux*, 'to clear out.'

105. **Elle empoigne la psyché:** ever since the play *Orphée*, the mirror, both as poetic image and stage property, has played an important part in Cocteau's work. See Introduction.

 trou du souffleur: in the French theatre the prompter's box is placed in front of the stage, the prompter sitting with his back to the audience.

109. **premier échec à cette fameuse chance:** cf. *faire échec à*, 'to check, to put a check on' (from the language of chess: cf. *échec e mat*, 'checkmate').

111. **Acte IV:** based, as the sub-title suggests, on the *Œdipus the King* of Sophocles (translated previously by Cocteau). See Introduction.

 logette: 'small gallery.'

 fait correspondre: 'connects,' 'links.'

 Lumière de peste: a characteristic ellipsis; the phrase might be translated by the more pedestrian sentence, 'The plague-stricken city is bathed in sinister light.'

 genou en terre: 'on one knee.'

112. **meurt de sa bonne mort:** cf. *mourir de sa belle mort* 'to die a natural death,' ' to die in one's bed.'

 La mort d'un père: see Introduction regarding the very different reaction of Jocasta in Sophocles.

 Pour être vrai: a colloquial variant on *à vrai dire, pour vous en dire le vrai*.

114. **remonte:** 'Come back upstairs.' The Queen is speaking to Œdipe from her upstairs window.

né d'un dieu sylvestre: the detail is of Cocteau's invention; it has the effect, unusual in his work, of slowing down the action, but it helps at the same time to build up tension as Œdipe cudgels his imagination in a desperate effort to escape his fate.

d'office: 'of necessity'; cf. *être mis à la retraite d'office,* 'to be compulsorily retired.'

Ciel! mon père!: a sarcastic parody on the old cliché, *Ciel! mon mari!* associated with the French vaudeville, or sophisticated farce.

115. **Je te sens venir:** cf. *Je te vois venir,* 'I know what you are insinuating,' 'I know what you're getting at.'

De coïncidences en coïncidences: 'One coincidence leading to another.'

116. **déraciné:** 'stricken,' 'lost.'

décomposé: cf. *le visage décomposé,* 'with [his] face distorted by grief.'

Vous me l'avez tuée: the *me* is an example of the ethical dative; cf. *goûtez-moi ce vin-là,* 'just taste that wine.'

pendue à son écharpe: see Introduction regarding the death of Isadora Duncan.

Laissez la fable tranquille: *cf.* "Un orage arrive du fond des siècles" above. The fatal prophecy has now become 'the legend, the myth'; by a skilful manipulation of the time-factor Cocteau is now looking, not forwards, but backwards in time, and Tirésias is really addressing the audience and seeing the dénouement of the play from their point of view. *Cf.* "un chef-d'œuvre d'horreur s'achève" (p. 119).

119. **qu'on abatte la bête immonde:** an echo of "J'ai tué la bête immonde" (Act II, p. 74).

120. **J'ai ma tête sur mes épaules, moi, et les pieds par terre:** *cf.* the *Antigone* of Jean Anouilh, in which Créon makes a similar claim: "J'ai mes deux pieds par terre, mes deux mains enfoncées dans mes poches…" etc.

Votre police est bien faite: cf. *faire la police,* 'to keep order.'

121. **Nature ingrate:** cf. *c'est une bonne nature,* 'he has a kindly disposition.'

Ismène…Étéocle…Polynice: *i.e.,* Ismene (Antigone's sister), and her two brothers, Eteocles and Polynices. All four were born of the ill-starred marriage of mother and son.